あと30年を輝かせる

本位力の働き方

仕事と個人の改革

高原知子

みらい
PUBLISHING

第1章　情報収集の極意

～もち時間はだれでも同じ～

第2章　セルフマネジメントの考えを取り入れる

～今、何を考え、どう選択するか～

第3章　格差社会に対応するためのスキルアップ

～スキルアップに真剣に向き合うべき理由～

第4章　人生100年時代に必要なものとは

～変わるライフステージに対応する備えを～

第5章　これからの価値創造

～現場力とあなたの未来を育むために出来ること～

第6章　起業という選択肢

～5年続く起業のコツ～

第7章　働き方の改革

～増える選択肢をどう選ぶか～

はじめに

改元の節目を迎え、本格的に令和の時代が始まりました。インターネットの発展により、情報の戦略的な重要性がこれまで以上に増し、労働力を提供する従業員が「個」としての性格を強め、起業、転職、副業など、自分で働き方を選択する時代になりました。

また、昨年には70年ぶりの大改革である働き方改革関連法が成立しましたが、「個」としての自分をどう変化させるのか、主体的な視点を持つことが期待されています。

今後、変化に対応して自身を変えられる人と、そうでない人との格差は、ますます拡がる傾向にあります。変わりつつある時代の変化に乗り遅れると、なかなか追いつけません。いつまでも同じことを続けているだけでは、前には進めません。

そうした時代にこそ、全力で努力するだけではなく、むしろ一度力を抜いて、自分にとって必要な働き方を見直してみることで、ありのままの自分の力が発揮できるのではないでしょうか。

そのために、自分にとって重要でないものを〝取り除く〟という考え方を持ってみることです。言うなれば「自分本位」の働き方を模索するということです。そうすると人生に調和が生まれ、大事なものが入ってくる余裕ができます。そして、今をしっかり生きながら、絶対に変えたくないものをひとつもち、それだけは変えずに貫きます。それが、幸せな人生というゴールに向けて、自分のよりどころとなります。

私は大学卒業後、大企業に入社し約10年間勤務していました。その後、退職して起業し、7年目となる現在は、自由な発想で仕事をしています。

現在の仕事は、企業向けの人事労務管理、創業者支援、個人向けの相続を専門とし、経営者と創業者の相談に応じる大阪産業創造館の専門家サポーター、大学非常勤講師、兵庫県の6次産業化プランナー、日本年金機構と締結された年金相談員、中小企業庁の補助金申請サポート専門家、明石市住民投票条例検討委員会の委員経験など、多様な働き方を通して、これまで500件以上のコンサルティングをしてきています。

会社員時代の私は、第一子出産後に職場復帰し、限られた時間の中で仕事をするには、とにかく一生懸命働かなくてはならないという思いで、早いスピードで時間が過ぎていく毎日でした。

しかし、第二子出産を前にして、一度力を抜いて自分を振り返り、これから何をすべきで、何をすべきでないのかを、ゆっくり考えました。その結果、当時の会社を辞める決断をしたのです。それは図らずも、〝取り除く〟という選択でした。

一度きりの人生だからこそ、自分で決めた道を進むべきですし、本人が後悔しない人生であれば、どのような道でもいいと思います。大切なのは、そこから何を学んで、学んだことをどう活かしていくかです。人それぞれ、価値観も違えば、長所や短所も違います。それぞれが持つ素晴らしい個性を自分が見抜いて、他人と比べるのではなく、自分本位の働き方を選択していくことです。

一つひとつの小さな決断が、後の人生に必ずつながってきます。

本書では、私が起業して実践してきた成果を出す方法、具体的な時間の使い方、時代を見据えた働き方など、これまでのリアルな経験に照らし合わせながら、働き方改革にどう向き合うかについて書き進めています。共感いただける部分もあれば、そうでないと感じる部分もあると思います。

それでいいと思います。共感できたり、できなかったりするということは、その人固有の考え方が、すでにご自身の中に備わっているということです。

また本書は、私と同じ団塊ジュニア世代である40歳代前後の方を想定して書き進めていますが、ひとりでも多くの皆さんの働く道しるべとして、届けられることを願っています。

もう40代と考えず、これからの充実した50代60代を迎えるための重要な期間と考えれば、自分にできることはまだまだあると、きっと思えてくるはずです。

現業を続けるにせよ、転職、起業をするにせよ、これから大切なのは、何をやるのかを自分で決めて、自分で決めたことから逃げないことです。その軸がしっかりしていれば迷うことなく、大抵のことを乗り越え、前進していけます。

本書が皆さんにとって、自分が目指す働き方や生き方の参考となれば幸いです。

第1章

情報収集の極意

～もち時間は誰でも同じ～

使い方を見直すと、
自分の時間が劇的に活きる。
効率のいい時間の使い方のヒント。

受動的なセミナーより能動的に学ぶ本の方が効率がいい

自分で自己管理を行い、物事を自主的に進めていくためには、ある程度の知識を有していることが求められます。土台となる知識があるからこそ、新しい知識を組み合わせたときに、価値やアイデアが生み出せます。そのため、学んで知識を深めることは、自分自身の人生の選択肢を増やすことになります。人生の選択肢は、多いほど自らのやりたいことに近づけます。

そのため、私は、できる限り日常の中で空白の時間を設定し、本から知識量を増やすようにしています。

特に独立前後は多くの人がセミナーや研修会などに参加する中、私は「最低限のもの」と「特に興味があるもの」以外にはほとんど参加せず、本を読む時間を多くしていました。

起業後に読んだ一冊に、デール・カーネギーの『人を動かす』（創元社刊）という本があります。私が今、人と関わる仕事、人を大切にする仕事を通して体験した数々の考え方が、１９３６年に刊行された当時のその本にいくつも書かれていて驚きました。少しご紹介したいと思います。

この本は、ビジネスに限らず家庭や学校などでも役立つものであり、誰にでも取り入れやすい内容になっています。

例えばカーネギーは、誰かに自分が望むことをさせるには、状況を一度自分以外の視点に立って観察し、「他人の中に強い欲望を喚起させる」ことで可能になると述べています。人の行動を本当の意味で変えさせようと思えば、説得によって人が動くとするのは誤解であり、説得よりも納得、さらには納得よりも共感が求められるとしています。たとえ説得内容が理にかなっていたとしても、それは人を動かすための必要条件ではあっても、十分条件ではないとされています。

人には必ず長所と短所があり、一見特別な才能などないように思える人でも、他の人にはできない何かを得意としているものです。そのような中、つい他人の悪い面ばかりに気を取られる人もいれば、人の良い面を積極的に見つけて相手を信頼して任せる人もいます。どちらが結果的に人を動かす力をもつか、共感を得られるかは、明白であるとしています。

私がこの本を手にしたのは、同じ地域で大久保中央不動産を経営をしている方が貸してくださったのがきっかけですが、自らの知識と本から得られる知識を組み合わせることで、さらに理解の深さがレベルアップしているのを感じました。

通常であれば、自分が時間をかけて試行錯誤しながら習熟していかなければ分からないことも、過去の人物の考察を学ぶことで、ある程度まで予測することが可能になります。さらには、物事を深く考える突破口も与えてくれます。

社会は進歩し、さまざまな技術が生まれていますが、人間の脳は1万3000年前から変わっていないことが科学的に証明されているそうです。それは、人間はずっと昔から全く変化していないということになります。また、宇宙科学、ＡＩの発達といった科学的進歩を別にすれば、目新しいことはそれほど多くないとされています。

そうであれば、多くのことが、過去の出来事の延長線上にあると考えてよいことになります。そうすると、将来何かが起こったときは、それに類することが過去になかったどうかを歴史から学べば、過去の様々な思考の枠組みが、これから何が起きるのか理解する助けになります。

起業前後は、このように本を読む時間を優先しており、セミナーなどに参加することはほとんどありませんでした。セミナーは、大勢の人を対象にする前提でテーマ全体を学ぶ設定が多く、私の場合、その中の一部分を詳しく知りたいことが多かったので、3時間講義のうち2時間がその内容でなければ、その時間に加えて往復で1時間を使って参加する内容ではないと考えていました。その点、本は自分のペースで読めます。今でも、基本的に本から学ぶスタイルは変わっていません。

自分の時間を読書に注げば、読書をしない人に比べてかなり有利な立場に立てることが理解できると思います。忙しい人は、寝る前の30分でもいいと思います。歯磨きと同じように、毎日継続して習慣化できれば、何もしていない時との違いは明らかに現れてきます。

セミナーは選択の軸が出来てから

私はどちらかと言えば、最近になってからセミナーを有益に取り入れています。

これまでにも、少ないながらも自主的にセミナーに参加したことはあります。しかし、自分の元々の知識量が少なかったため選択の軸がしっかりせず、そこから本当に知りたい情報が得られなかったり、内容が広く浅くで、結局どのような便益があるのか分からなかったりと、次の行動につながるものとして活かせていなかったのが現実でした。


そういう失敗をしたからこそ、今は自主的に参加するセミナーのほとんどが、次のステップにつながるものとなっています。

それは、単純に自分の信頼できる人の情報だけを選択肢に入れることにしたからです。それには、まずは多くの人と関わっていかなければ、信頼できる人は見つかりません。そして、信頼できる人が勧めるセミナーの中でも、自分に必要なものだけに参加しています。選択の軸を持つだけで、驚くほど成果につながっています。つまり、自分のメンターは非常に大事だと気付きました。

ですから、私自身が多くの人にとって良きメンター役となるよう、自分の経験、知識、アイデアをすべて活用し提案していけるよう日々奮闘しています。

自主的な動機を持たない限り、その後の成果にはなかなかつながりません。自主的な動機とは、選択肢を自分で選ぶことから始まります。それが明確にできるようになれば、セミナーは受動的ではなく、能動的に変わります。

私は、自分が読んだ本がきっかけで、遠方の著者のセミナーに参加したことがあります。自分が会いたい人に会い、実際に話を聞くことは、本を読む以上に非常に有益であることには違いありません。

セミナーは、ある程度時間やお金が必要で、毎月続けることが困難であったり、自分の生活への落とし込みが難しいという問題点があります。生活スタイルに合わせて、能動的にセミナーや研修も取り入れていきましょう。

不要な情報収集は時間のムダ

私は、自動的に大きく2つの会に所属しています。そこから毎月各2冊で計4冊の会報、それ以外にも、自分で購入しているビジネスガイド、専門誌を合わせると毎月最低でも6冊の情報誌が届きます。それらに収録されている情報を隅々まで読めば、非常に時間がかかります。また、一度にたくさん読んでも、細かい部分は頭の中に残りにくいと思っています。

それより、関心のある箇所を選択して、しっかりと頭に入れたほうがずっと有意義だと思うので、私は読み方を工夫して、効率よく情報を収集しています。その私の情報誌の読み方をお伝えします。

まず、見出しにはひととおり目を通します。見出しを見れば、全文を読まなくても、どのようなことが起きているかが一目で分かります。さらに、見出しから思い浮かべることで、内容をある程度イメージすることができます。見出しの大きさや順番で、重要度も分かります。

単語を見て内容を大まかに把握しておくだけでも、必要な時に見直すことができます。単語を拾い上げていく際に、必要がないところは、大胆に章ごと飛ばしてしまいます。そして、必要性の高い情報は、その後に時間をかけて読んでいきます。

毎月6冊の情報を完璧に頭に入れることは、情報が手に入りやすい今の時代には非効率です。不要な情報をいつかのためにとため込み過ぎると、無駄になるというよりも、自分が求めていることが分からなくなったりもします。

世の中の変化や動きは早くなっています。時間をかけて情報を取り入れても、それを使わないまま新しいものに変化してしまうこともあります。明確な目的をもっていれば、フィルターとして不要な情報を入ってこなくすることができます。一方、目的なく情報にさらされていると、情報過多になってしまいます。世の中の法律や制度が変わっていること自体を最低限知っておくだけで、必要な時に素早く行動ができます。

アンテナに引っかかった情報だけがアイデアを生み出す

最近はパソコンやスマホでも情報を得ることができますが、そこには膨大な情報があることで、かえって多くの時間を使ってしまいます。また、手軽に取得できる分、根拠や信頼性の裏付けなど、曖昧性の部分は自己責任です。本当に必要な情報なのかを、意識してコントロールできる習慣を身に付け、多くの時間を無駄に費やさないという管理が必要になります。特にその作業に無関係な情報は、あえて見向きしないことです。目的を設定して、余計な情報を取捨選択する力です。

情報は、自分のものとして取り込めると、応用ができます。本質を抽出すれば、データを見てもその裏の情報に気づくことができるようにもなります。

対象からどの程度まで距離をとって本質を抽出するのかは、その人のセンスに近いものがあると思います。つまり、情報や一般的に言われていることを頭から信じるのではなく、視点を切り替えて見ていくということです。

仕事に活きる経営資源とは、「ヒト」「モノ」「カネ」が代表的ですが、それ以外にも「時間」「情報」「アイデア」は、大切な要素であると理解しています。

これらは、誰もがアンテナを高くして、どこかでこういった意識を持ち続けておかなければいけないものです。

そして、「時間」を有効に使って、目的に必要な「情報」を得て、その情報と自分が持ち合わせる経験をかけあわせながら自分のものにし、新たな「アイデア」を生み出す努力を繰り返すことです。それは、自分の視野を確実に広げてくれるものとなり、本来もっている能力を発揮しやすくなります。

アイデアという無限な資源を有効に活用できれば、コストをかけなくても、これからの自分の働き方や生き方に直結させることができます。そのためには、不要な情報を取り除き、有益な情報を常日頃から意識して取り入れ、自分の好奇心を高めていくことです。

効率的に目標に到達する時間の使い方

仕事には、重要なこととそうでないことがあります。長時間労働をしないようにするには、時間と目標を先に決めてから進めることが重要です。

例えば、スティーブン・R・コヴィーの『7つの習慣』（キング・ベアー出版刊）では、タイムマネジメントの鉄則は以下の四種類の領域のうち「第二領域への注力」だと書かれています。

第一領域—緊急で重要
第二領域—緊急でないが重要
第三領域—緊急だが重要でない
第四領域—緊急でもなく重要でもない

第一領域は受動的な反応であり、第二領域は能動的な反応。

第二領域への取り組みは、結果的に第一領域を減らし、大きな効果をもたらすと言われています。

具体的に言えば、時代に合わせた技術への対応やスキルアップは、この第二領域の取組にあたるのですが、タイムマネジメントの鉄則では、できるだけ第三領域を取り除き、この第二領域にシフトさせていくことが好ましいとしています。

また、目標を定めたら、目標到達に向けて余計な作業は極力取り除きましょう。何もかもを自己流でしようとしなくても、活用できるツールを利用したり、周囲の人の中からよいお手本を参考にしてまねることで、時間を効果的に使うことができます。

よい仕事をしようと思えば、よい仕事をしている人を見て、まねることから入るのが一番です。お手本があれば、仕事がはかどります。私のこれまでの経験上、よいメンターは、待っているだけではなかなか出会えません。しかし、職場でもそれ以外の場所でも、自分にとってよいメンターに出会うことができた人は、何かしら人生が変わります。さらには、目標を到達するための時間の使い方も、変わってくると思います。

そして効率的に時間を使うためには、既存のモノを活用することも大切です。

例えば、独自資料を丁寧に最初から作る作業は時間がかかります。本や、以前使用した資料を独自ツールとして分かりやすくまとめ、最新のデータに更新することで、余計な作業は取り除かれます。

自力で出来そうにないものは、手探りで進めるよりも、積極的に周囲に知恵を求めることで、余計な作業を取り除くことになります。

もちろん、最初から何も考えずに人に頼りっぱなしというのは問題ですが、思い切って人を頼ったほうが、よい仕事が出来ることもあります。そのためには、人との対話は重要で、助け合える環境を職場でもつくろうとしておくことです。

優秀な人ほど、睡眠時間を削ってでも自分の力でがんばる傾向にありますが、十分な睡眠がとれていないと、小さなことでイライラしてしまい、それがその周囲の人にも影響し、職場での対話が減り、生産性も低下するという負のスパイラルが起きます。

残業をせずに限られた時間の中で、何をどのような方法で進めるかを、終了時間から逆算してあらかじめ自分の頭の中で考えておくと、時間を有効に使いやすくなります。

仕事というのは、それほど重要でなくても、必ずしなければならない雑務があります。書類をまとめたり、記帳したりする業務をいかに効率よくこなすかが、重要な業務への労力や長時間労働解消にもかかわってくるといえます。

その時にも、自分のお手本になるような人を探して、その人のやり方を参考にし、自己流に応用すれば、少しずつ自分なりの仕事のやり方をつくり上げていけます。最近は、精度の高いものがシェアできる環境にあるので、共創して価値につなげればよいと思います。

業務の大半は、同じことの繰り返しでもあります。一から自己流でなくても、これまでの知恵を上手く借りるほうが効率的かつ優れています。

ゆっくり考えるときとすぐ行動するときの選択

日々の仕事では、スピードが求められることが多いのは確かです。

私も、プレゼンや講義の資料作りは、その日に間に合わなければいけないので、考える時間を取り過ぎていると間に合いません。そういう時ば、すぐ行動することが正しいと言えるかもしれません。そのため、すぐにとりかかるという言葉は、仕事をするうえでもよく使います。

しかし、仕事も人生も、直感は大切だと思いますが、何でもかんでもすぐとりかかることがよいとは思いません。

自分の軸となる部分や、これからの重要なことを決定づけるようなことは、すぐに行動するのではなく、一度ゆっくりと立ち止まって検討してから、自信を持って進むことが大事です。私は、自分で想定したうえでのリスクには、挑戦したいと思いますし、チャレンジする生き生きとした人生を選択したいとも思っています。

大きな一歩を踏み出す時は、一度立ち止まり、本当にこの道でよいかを考える必要はあります。すぐやることより、ゆっくり考えることが求められるときは、人生の中で何度とあります。

例えば、私は会社を退職するどうかを、簡単に決めたわけではなく、大学に行かせてくれた両親や家族と話したうえで、最終的に自分で決断しました。

その結果、一時期育児に専念する時間も過ごせ、その後、独立という新しい選択ができました。自分の決断は、自分の人生に対して大きな影響を与えていること、まっすぐに進むことだけが最短でキャリアアップする道とは限らないということを、改めて実感しています。その時にゆっくりと考えたからこそ、つまずくことがあっても、自信をもって前に進み続けることが出来ています。

スピードアップや即断即決などとよく言われますが、周りに流されず、ゆっくりと考えることと、すばやく動くことを、状況により選択していかなければ、自分の考える働き方や生き方から、どんどん遠ざかってしまうことにもなりかねません。

時代とともに人間の役割は変わります。自分の目で見て、自主的に状況を判断していきましょう。

仕事のシフトチェンジ

社会を取り巻く環境は年々変化しています。時間を気にせず、とにかくがんばれば、一時期成果は維持できるかも知れません。しかし、短期的な利益を追求した時間の使い方は、未来に向けた長い目で見ると、サステナビリティー（持続可能性）を損なうことにもなりかねません。過去や現状に固執しているということは、混乱に対応する時期を遅らせているということでもあります。

無理を繰り返すことは、長期的に見れば、どうしても心身ともに負荷がかかり成り立たなくなっていきます。そうはいえども、今までの働き方を変えること、つまり変化することには抵抗をともなうかもしれません。

そこで、新しい考え方を始めようとするのではなく、無意識のうちにもっている古い考え方を終わらせようとすることです。ひとつの考え方を取り除くと、新しい環境にしかないものが見えてきます。例えば、長時間労働を是正すると、収入が減る心配がある一方で、自分の時間が増えます。そこには、生き方を変えることができる新しい環境が生まれてきます。

生産年齢人口の減少が加速している今、働き方を変えなければいけない時代は必ず来ます。そうであれば、外部環境の影響により、強制的にやらざるを得ない状況に追い込まれてから仕方なくするという消極的な考え方ではなく、好循環を生み出すための積極的な取り組みとして、率先してやってみる発想に切り替えて変革に挑戦していくほうが、働くことに対するモチベーションを失わずに、より楽しいものに変えていけると思います。

長時間労働の体質は一気には変わらないと思います。まずは、個人が時間内に仕事を終える計画を立てること、定時に帰る時に申し訳ないという気持ちをなくすことです。その結果、仕事以外の情報をインプットする時間や、十分に休息時間がもてる生活スタイルを取り戻し、次の日に仕事をする集中力も高めてくれます。

そのためには、決められた時間のなかで、重要なことに最大限の時間が使えるように、自分の行動から見直してみることです。

働く時間を短くして今以上に成果をあげるなど、一見矛盾しているように感じるかもしれませんが、成果をあげる一方で労働時間を減らすことは不可能ではありません。時には職場を巻き込んで、生産性と合理性について対応策を考えてみましょう。

そして、その減らすことができた時間を、より充実した時間に使えば、それがさまざまな価値観をもたらしアイデアが生み出され、成果へとつながっていきます。それが、新しい価値を生み出していく仕組みです。

成果をあげている人や企業の中には、働き方改革関連法が成立する前から、環境の変化に対応させた働き方のシフトチェンジを進めています。さらには、働き方改革から働きがい改革へ焦点をあてた具体的戦略に取り組んでいます。時代遅れにならない働き方に目を向けなければ、取り残されてしまいます。

コミュニケーションが効率と質を向上させる

コミュニケーシは、ひとつの技術力として、自身の人生の中で貴重な財産となります。そのため、苦手な人にとっては弱点になってしまいます。

相手の問題解決をサポートするためにも、コミュニケーションの本質を知り、自分の行動を見直すことで、効率と質を向上させることができます。


具体的に言うと、自分が多くのことを伝えたとしても、相手には五感や経験といったフィルターを通して伝わるので、実際に届く情報量は減少しています。特に相手が、経験豊富な人であったり、成功体験が手放せない人である場合は、新しい考え方を受け入れにくいとも言われています。こうすれば必ず上手くいくという思い込みをもっているのが要因のひとつです。

また、相手に伝わりにくい言葉を使った話し方は、さらに相手の情報量を減らすことになり、意思疎通の妨げになります。出来るだけ相手が日常使っている言葉で表現します。

言葉が分かりやすくて中身が深い、それが相手を引き付けます。そして、最終的に相手がその話を聞きたいか聞いたくないかという価値観によって、さらに受け取る量は変わってきます。

このコミュニケーションの本質を理解したうえで、相手との会話には、自分自身の先入観や思い込みを取り除いて工夫することが大切です。理解していても実際には難しいので、私は、人から教えてもらった自分の欠点を思い出しながら会話するようにしています。

話し方は、組み立て（全体↓詳細↓全体）を考えて、簡潔に的を射た話にすることです。例えば、一、結論は○○です。二、根拠はAとBとCだからです。三、結局主張したいのは○○です。このように相手に物事を伝えるには、客観的な根拠を述べながら、筋道立てて話すのが基本です。根拠と主張が固まれば、それに対する返答に応じて、繰り返し根拠と主張を述べます。これを繰り返せば、その主張にしっかりとした説得力がでてきます。

理屈っぽくならないようにするには、適切な具体例を短く入れて目に浮かぶようにしたり、データで裏づけて理解を深めます。

話し方が苦手な人は、少し時間はかかりますが、自然な気持ちで話せるようになるまで回数を重ねて訓練してみることです。もともと私も人見知りでしたが、苦手意識を変えて、一度身に付けてしまえば、それだけで生きやすくなります。

私は様々な成功の秘訣は、人間関係を基盤としていると思っています。コミュニケーションによって、人間関係は良くも悪くもなります。つまり、仕事の効率と質の向上のみならず、人間関係、キャリア形成、自信の強化に、幅広くつながるスキルであり、自身のふるまいまで変える力があると思っています。

メモを効果的に使う力

メモをとることの一番の効果は、まずシンプルに「忘れてもいい状態」に出来ることです。情報が多いときは、頭の中が混沌とした状態になるため、リアルタイムにメモを活用して頭のなかのものを書き出しておきます。忘れてはいけないという気持ちがなくなるので、脳の記憶領域に空きをつくり、目の前の大事なことに集中したり、新たな発想力を働かせるために使うことができます。

一度書き出したメモは、同時に上から加筆しながら、独自の視点で新しい情報を蓄積していく姿勢を身につけると、言語化する力が増し、自分の視点に価値が見出されます。

最初は、それほど考えを整理しないまま自由な展開で書きとめていき、その後にメモの上で大事な単語を○や□で囲んで組み分けしたり、線や矢印を引きながらまとめるなど、自分の目的に沿って跡が残るように整理していく意識をもてば、独自の発想を創出し、あとから分析ができ、考え方のツールとなります。

例えば、アジェンダを書き出したあと、やり終えたことは線をひいて消し、新たに発生したことは書き加えていけば、やるべきことの進捗状況がひと目でわかります。クライアントごとの最新進捗状況は、常に1カ所にまとめて置けば一目瞭然です。

スピーディーに書いてから、余計なものは跡を残して取捨選択することを繰り返していると、自然と要約する力がつくと同時に、自分にとって分かりやすくしたテキストのように変化していき、見返すときにもそのときの感覚が取り戻せるようになります。

情報を読み取るときに、脳の認識を上げるためには、色も取り入れます。そうすると、見返すことに時間をさかなくてもいいようになります。

例えば、最初のメモを黒、二度目の追加を赤、三度目は青で書くことが多いです。大事な内容が埋もれそうになれば、そのときは蛍光ペンで特に目立たせます。たいていはそれの応用で、相手への確認事項を黒、返答内容を赤、追加を青、という感じにも使います。これは、見返しの負担がかなり軽減されます。

私が普段使う手帳は1冊のみで、仕事のメモは、ノートを使わずA4コピー用紙です。

最適に使うためにたどり着いた方法は、全体像がひと目で見渡せるように1枚につき1テーマとします。メモしている時間に、右上に日付、名前、テーマを書いておきます。人の記憶は時系列で入ってくるので、振り返るときにその３つは頭の中を整理する重要な情報となります。使ったあとは、用途に合わせて分けて、自分に適したファイリングが可能です。

Ａ４用紙にする他の理由は、書くところが少ないと、あえて書くことをやめてしまったり、スペースの節約のために勝手に頭の中だけで処理をしてしまい、自由に書き出せずに本末転倒になることを避けるためです。メモは、自分にとって使いやすくて習慣にできるサイズ、できるだけ思考を深められるものがいちばんです。

すべての仕事を自分がするべきではない

独立してすぐは、仕事が少なく、自由に使える時間がありました。その時間は、その時にしかなく、それを充実した時間に変えることができます。私には、最大のインプットの時間であり、未来への投資となる貴重な時間でした。

仕事量が増えるにともなって、時間管理をする必要が出てきます。そして、徐々に多くの責任がともなってきます。すべて自分でしなければならないという考えのままでいると、言うまでもなく効率が悪くなります。ある程度の成果が見えてきた段階で、次のステージに進むには、ノウハウだけではなくサステナビリティーを追求した戦略が必要になってきます。

例えば、長時間労働の現状と同じ問題ですが、目先のことを優先し、何もかもを一人でやりすぎてしまうことで、持続可能な成長が出来ないこともあります。それには仕組みの力を使う方法を考え、高いレベルに引き上げていかなければいけません。

最初は、自分自身で理解するため、ひと通りやってみることは良いことですが、人の可能性を信じて、人に任せればチームが出来、それにより時間を短縮出来、さらに新たにチャレンジする時間が出来ます。成果を出す人ほど、そうした協力者の力を借りて前進していきます。任せられる部分は、協力者と共創するほうが効率的です。協力者が増えれば、自分の責任感も増し、目的に到達できる可能性もさらに高くなります。

このように、時間とエネルギーを注いで0を1にし、1から2に進化させるためにチームをつくり、そこからは、今までのことに工夫を加えながらも、もう一度自分の時間をつくり、新たな成長に労力を注ぐことが大切になります。

すべてを知っておかなければならない、自分でしなければならないという考え方をしているのであれば、一度見直し整理をしてみることです。ひとりではスピードに限界があるので、チーム力で時間のムダを省くと、生産性の向上につながります。

もちろん、ひとりでやりきる仕事も存在しますが、時間の使い方に知恵を絞るのは、必要不可欠なことだと思います。

第2章

セルフマネジメントの考えを取り入れる

～今、何を考え、どう選択するか～

セルフマネジメントをする中で大切な、
本位力の視点について
考えてみましょう。

自主的に自分の可能性を引き出す

まず、会社で働くとはどういうことか、考えてみましょう。

定年まで今の仕事を続けるべきか不安がある、これから先、転職や起業を考えてはみるものの、自分の能力が通用するかどうか自信がない、などと思いながら働き続ける人生はどのように考えるべきでしょうか。

上司から高い評価を得て出世競争に勝ち残るためや、お金のためだけに働いていると、組織の中で年々疲弊し続けてしまいます。さらには、会社という全体主義や階層意識が強くなりがちな場所に長年所属していると、無意識に自分らしくない行動をとっていても、本人がそれに気付いていないことがあります。そうならないためには、「自分らしさは変化させない」という軸をもっておくしかありません。無理に自分を従わせようとする行動が積み重なると、長い人生の中でみれば良くない方向に流れていきます。

私たちは何らかのかたちで、多くの人が組織と関わりながら生きています。

会社で働くということは、意に添わないことがたくさんあります。上司に合わせなければいけないこともあれば、希望しない部署に異動になることもあります。多くは、競争することで成長をめざしていく企業主導の働き方のため、従業員の思い通りにならないことがあるのは当たり前でもありました。

しかし、最近は人手不足の影響から、このような働き方も変化してきています。

会社は、優秀な人、仕事に全力投球する人など、自分らしさを発揮できる人を引き留めておきたいという強い思いがあります。そのため、会社の中で個人が自分らしい働き方をしながら、キャリアアップをしていきやすい環境になってきています。それでも、自分らしい仕事ができないと思う人は、他の会社や他の働き方に移る傾向が、特に若者の間では増えています。これらは健全な流れだと思います。

人は、ポジションを獲得し合うといった競争や、仕事をこなすことが目的になると、仕事で必要な能力だけを発揮し、それ以外の個性を閉じ込めてしまい、本来持っている能力を自主的に発揮しなくなる傾向にあります。

指揮命令系統が明らかな機能別組織は、階層が多くなればなるほど、下にいる従業員は、自分の裁量で行える業務の範囲が狭くなるため、上からの「説得」に従って、指示を甘んじて受け入れ、「納得」するかのように業務を行おうとしてしまいます。

そのため、指示されたことが出来なければ不安になり、指示をこなせるようになれば、この仕事をずっと続けていてよいのかと退屈に思うようになってきます。こうした固定化された役割管理は、それだけでエネルギーを消耗し疲弊させるだけでなく、結局は価値が生まれにくくなってしまいます。人は、今の能力の少し上くらいのチャレンジをし続けることが、能力的に成長出来る幸せなフローの状態だといえるからです。

今まで当たり前だと思い、実際に成果を上げてきたマネジメントの方法論も、次世代型組織の出現により、時代とともに問題点が指摘されてきています。

組織の在り方に正解はありません。経営者が課題を勘案して決定していくため、これまでの方法論を変化させるかさせないかは経営者次第ですが、自分らしい環境をつくりだせるかは、社員である自分次第です。

生活の糧を得ることは、働くことの大きな理由のひとつですが、本来、働くことは、自分らしく能力を発揮して、価値を生み出しながら成長していく場です。

働くことは不本意な奉仕を強いられるものではなく、自分の可能性を引き出し、その仕事が誰かの役に立つことで喜ばれるものであるはずです。自分らしい仕事ができれば、好きにも夢中にもなれます。

変化はそれを必要と感じる人が、自主的に起こすことから始まります。

例えば、自分の能力が自分らしい目標に届いていなければ学びを取り入れる、反対に物足りなくなれば新しいことに挑戦していく、そうして働き方を工夫しているうちに自分の可能性が広がっていきます。

働き方を考えるにあたっては、それぞれが自発的に行動している時間の割合を、どれだけ増やせるかが大事です。

仕事のなかで楽しみを見い出せているか

どこにいても、自発的に仕事をしている人は、充実して楽しみを見出しているものです。

楽しいとは、自分が成長しているとき、美味しい料理を食べているとき、旅行をしているときなど、何かに向けて行動しているプロセスで生じてくるものです。

仕事にあてはめると、やりたいことに向けてチャレンジしているとき、出来なかったことが出来るようになり成長を実感しているとき、自分のすることが着実に成果につながっているとき、共通目標に向かいチームで何かを成し遂げようとする時などです。

このように考えると、仕事にあてはめた場合は、純粋に楽しいというだけではなく、プロセスの中に、やりがい、達成感、責任感をもつことで、同時に楽しくなるということが分かります。
単に決められた仕事をこなしているのではなく、自分が能動的にチャレンジしている時は、たとえそれが小さなチャレンジであっても、楽しいという感覚をもちます。自分が決めるから楽しいのです。心の内側から出る能動的な動きは、生き生きと仕事に熱中できるため、成果にも表れやすくなります。

私は、会社員時代には、共通目標に向かい、チームで支え合って成果につなげる体制の中で仕事をしてきました。チームワークの力が最高に発揮され、社内誌に掲載されたり、素晴らしいことを成し遂げられたと感じる瞬間は、やりがいや達成感から、苦労したことが吹っ飛んだり、何をやっても楽しいと感じられる経験をしてきました。
そして、出産というライフスタイルの変化に直面し、その仕事を自分の人生から取り除き退職してからは、誰かの許可を得ずに自分が決めたことに取り組むプロセスが、それ以上に楽しいと感じることが分かったのです。

自分で選んだ働き方をしていると、魅力的な部分もあれば辛いと思うこともあります。しかし、しんどいことも、いつかはすべて過去の話になると思っています。それらはいつか終わっていくことで、永遠に続くものではないと思います。今しんどいのは、誰でもできることをしている訳ではないからです。

そして、辛いこと以上に、自分に責任があるからやりがいがあり、仕事のスタイルに自分らしい存在価値を感じます。足を踏み入れたことのない体験をするから、人は大きく伸びていくのかもしれません。それは、変化を拒んでいる心を開くことから始まります。一度心を開いてしまえば、あとは色々な可能性が流れ込んでくるものです。

人生には、自分の力ではコントロールできないことがたくさん起こります。ふりかかる出来事は、コントロールできません。しかし、すべての行動は自らが選択したもので、行動は自分の力でコントロールすれば変えられます。

今の自分は、あなたが選択してきた結果です。たくさんの正しい選択が、目標を現実にします。辛い時に逃げたいと思うことは当然ですが、エネルギーのある時にチャレンジし続けることは、生まれてきたからには大切なことだと思います。

今、そしてこれから自分にできることは何かを常に意識することで、これからの行動も変わります。

例えば、景気が悪いから、残業してでも仕事を頑張らなければいけない、という他責的な考え方ではなく、当事者意識をもち自責的に考えれば、自分の力でその状況を変えなければいけないと思えてきます。周りが変わるのを待つのではなく、自分を変えるほうが確実です。そして、自らやりたいことを自らの責任でつかみに行くからこそ、自分の強みを見出せ、自分らしさが生まれてきます。

目先の「欲」は取り除く

自発的に行動していくプロセスの中で、損得とは別のプライオリティ（優先順位）に気づくことも大切なことです。そのために、目先の欲にとらわれすぎてはいけません。

自分を成長させるためには欲が必要です。欲は懸命に働き、行動するための原動力で、人を成長させるためのエネルギーになります。

さらに、社会貢献につなげる気持ちが軸にある欲は、多くの人に共感されることにつながります。人によかれという心は、視野がどんどん広がり、まわりのみんなも協力してくれるようになります。

一方、欲にとらわれすぎて、自分がよければ他人がどうでなろうとかまわない、という自分本位になれば話は変わってきます。自分本位であれば、それが理由でかべにぶつかることにもなります。目先の欲や利己的な欲は、取り除くべきだと実感しています。

自らの利益を優先して行動するのではなく、相手の利益を優先してから自分の利益を考えるほうが、実際に大きなリターンが得られます。私もそうすることで、何度となく利益と信頼を同時に受けています。

逆に、仕事が多忙な時に選択を誤ってしまったこともあります。

急ぎの法人クライアントの業務に取組んでいる最中、ご自身で一生懸命そろえてきた書類を持参して、私を頼って相続の相談に来られた個人に対し、今思えばですが親身な対応が欠けていたため、その後お会いする機会をなくしてしまいました。

今でも、その時のことが教訓として心に残っています。仕事の規模ではなく、本当に寄り添わなければならなかったのは、個人の方だったと思います。

私がこのように感じさせられたのは、相談者が怒ってクレームを言って断ってきたのではなく、逆に優しく上品にひとこと感謝をくださってから断られたからです。しかし、振り返ったところで状況は変わらないので、改善しこれからにつなげることにしています。

この経験も、以下の行動に活かすことが出来ました。

相続や遺言は、単なる手続きではなく、それぞれに想いをもっておられて、時には人生を左右するような相談に来られます。

もともと私は、自分の中で得意分野の資格を取得し、ビジネスの土台をつくってから好きなことをしたい、という事業計画を立てていました。そのため、法人向けの人事労務管理と創業者支援を専門にしてきました。ある程度の土台ができた時に、高齢者支援にむけて相続、遺言書を専門に加えることにしました。

私は、母親の影響を強く受けているため、基本的に年上の高齢者と接点を持つことが好きです。そのため、時間的に厳しいと感じていながらも、ひと通りの研修を受講してでも、社会貢献のひとつとして街角の年金相談員の仕事をしてみようと思いました。従業員がいる開業社労士で年金相談員をする人は少ないと言われながらも、昨年から行動に移しています。これに関しては、継続的にできないかも知れませんが、最初から無理だと思うより、まずは行動することです。

これからも自分と同じ方向を向いている事業者を巻き込んで、現場の困りごとを一緒に解決したり、子供からお年寄りまでがワクワクする空間や時間を共に過ごせる企画など、自分も一緒に楽しめる人生の時間をつくって行きたいと考えています。

損得ではなく、他人によかれと物事を判断できる立派な人は理想とするところであり、自分の幸せ、人の幸せ、社会全体の幸せを考えて行動できる人になろうと口で言うのは簡単ですが、正直なところ全く以て難しいと感じています。しかし、自分ができる範囲で、共感できる人とチームを組んだり、人や社会に価値があると思えることに自分の時間を使いたいと考えています。

働くことは、本来、自分らしくいられることです。そして、人に貢献して喜んでもらえることは、自分の喜びに変わると分かりました。人の笑顔と自分の幸せは結びついてきます。

しっかりと仕事をすれば、必ず誰かに価値を提供していることになります。仕事にはその価値を受ける人がいて、誰かの役に立ち喜ばれるものだからです。

欲のために、社内やひしめく競合との人間関係を競争ととらえてしまうと、他者全般を敵とみなすことになり、そこから悩みが生まれ、不幸をもたらしてしまいます。人間は、自分の利益を追いかけてしまいがちだからです。

自己中心的な態度では視野も狭くなり、誤った判断をしてしまいます。それよりも、味方を増やし共創したほうが、実は楽に進んで行くことができるのです。

働き方をシフトするためのパラレルキャリアの身に付け方

人口減少と高齢化の時代になると、変化に対応して自身を変えられる人とそうでない人との格差は、ますます拡がる傾向にあります。

この先、働く期間は長くなるとされ、起業やパラレルキャリアにより、視野を広げて自分のキャリアを見つめなおすことが必要です。今の〝当たり前〟が通用しなくなる将来には、このようなことが〝当たり前〟へと変化すると思われます。

これからの人生を見据えると、完全にリタイアするまで、一つの会社だけにいる可能性はどんどん低くなっていく傾向にあります。

そうは言っても、すぐに今の団塊ジュニア世代にそのまま適用するのはハードルが高いかもしれません。私を含めこの世代が新卒で会社に入社した1990年代後半は、年功序列の影響を受け、ひとつの会社で仕事をする生活パターンが主であったため、いきなり切り替えるのは困難に感じると思います。


そこで、いきなりではなく優先順位を見直しながら、働き方をシフトしていく方法があります。本業を中心に副業や兼業を行えば、自主的な行動力が問われ、自身の市場価値や能力を知ることにもなります。これがパラレルキャリアです。

このパラレルキャリアとは、経営学者のピーター・ドラッカーが20年ほど前に著書の中で提唱した考え方なのですが、今、副業や兼業が盛んになってきた日本で、改めて注目されてきています。

学び直しとスキルの再習得については、今まで主に中心とされてきたOJT（職場内訓練）から、OFF―JT（職場外研修）を取り入れることにより成長の可能性を広げ、自由な学びを拡充させている会社も増えてきています。私たちが多様な働き方を選択できる機会は、働き方改革法改正のひとつとなる時間外労働の上限規制（大企業は２０１９年４月、中小企業は２０２０年４月）施行により労働時間が減っていることから、徐々に拡大しつつあります。

長時間労働からの解放は、裏をかえせば自立を迫られるということでもあります。やるべきことの優先順位を自主的に決め、自身でこれからのキャリア計画を創る、それに向けて個々の働き方を変えていく、そんな時代になるでしょう。

40歳代は仕事と家庭のバランスを見直すベストな時

仕事と家庭については、優先順位で考えるものではないと思います。仕事と家庭はどちらも大事であるのは、言うまでもありません。人それぞれ状況は違っても、安易にラクを選択せずに、自分ができる範囲で、精いっぱいのことをする努力は、自分にとっても家族にとっても大切です。

日本は、１９９５年に専業主婦世帯数と共働き世帯数が逆転したため、すでにダブルインカムはあたり前になっており、働き方改革にあわせて政府や多くの企業もキャリアと家庭の両立支援に向けた環境を整えつつあります。

子どもが未就園児の時期は、それほど費用はかかりませんが、就学するにつれて教育費などは重くのしかかってきます。例えば、現代の教育改革では、子どもがより豊かな経験ができる工夫が求められており、グローバルな視点やアクティブラーニングなどの学びの手法も教育費の増加と結びついています。さらには、夫婦それぞれの親の介護も考えておく必要があります。

そのような中、大学を出た平均的な夫婦が結婚来、ずっと正社員の共働きを続けた場合と、妻が専業主婦を選択した場合では、世帯における生涯年収は、約2億円の差が付くというデータがあります。たとえ正社員でなくても、妻が出産後に子育てに7年ほど専念し、後にパートになった場合の生涯年収は約8000万円といわれているため、正社員には及びませんが、専業主婦との差は大きいのが分かると思います。働き方によっては、さらに将来の年金額にも差が生じます。

結婚や出産を通じて環境が変わった中で、夫婦で働き方やマネープランを見直すことになったのであれば、夫婦のあり方も真剣に変える必要があり、夫婦単位の関係構築が大切です。どんな状況であっても、お互いに自分ができる範囲で精いっぱい努力する、弱点をカバーし合いながら、協力してやっていかなければいけません。そういう意味では、家庭も仕事もチームワークが必要だといえます。

会社では、チームを組んで仕事をすることが多く、仲間が協力し合って信頼関係を築くことをみんなは当たり前のようにしています。同じように、家庭でも子育てに協力しながら、夫婦一緒に長く働くことの方が、一人で家計を支えるよりも余裕がもてます。

結婚したり子どもができると、自由がなくなったり、家庭に束縛されるという人もいますが、私は、家族がいることは生きるうえで幸せなことと考えています。

子どもがいればがんばろうという気持ちが高まり、病気になれば助け合え、不安な時には話し合える、と考えると何より心強いと思います。本来家族との触れ合いは、一日の疲れがふっ飛んでしまうくらい、たくさんのエネルギーをもたらしてくれるものだと思います。

よりよく働くためにも、10年後、20年後の人生を考えて、40代になれば、仕事と家庭のバランスを一度見つめ直してみるとよいと思います。夫の家事・子育てへの協力度と妻の就業率には、有意の相関関係があるとされています。家族の支えを生かせるかどうかは、お互いの努力次第です。

自分の原点を軸にする

セルフマネジメントにあたって確認しておきたいことのひとつに、何を軸にして目標を立てるか、ということがあります。

これからの社会の変化を前提に、変化すべきときに前向きにとらえるか、後ろ向きにとらえるかによって、その人の働き方、生き方は大きく変わります。ネガティブな考えが多い社会のなかでは、ポジティブに考えられる力を持つ人のほうがうまくいくように思います。やる前からどうせむりと決めつけているのであれば、そういう考え方を変えてみます。

例えば、新しい働き方をひとつ取り入れてチャレンジする。たとえ、成果が出なかったとしても、それによって成長は出来ます。成果が出なかったときには、変わろうとする前の自分の位置に戻るだけで、またそこから進んで行けばいいのです。

人は、働くことで成長出来ます

人生の素晴らしいところは、最終地点が生まれながらにして決まっているのではなく、最終的にどこにたどりつくのかは、自分のこれからの行動次第で、変えられるということです。人生は、一瞬一瞬の積み重ねに他なりません。人の素養は、生まれた後にどのような経験をするかによって築かれていくとされています。

私は、大学受験で挫折を経験しています。第一志望の大学に進めず、10代後半という失敗に対する免疫がなかった自分には、無力さを痛感させられる出来事でした。

しかし、そのこと以上に感じさせられたことは、母親は私に意見を押し付けることはまったくなく、常に私の意見を尊重し、受験期間の最後の最後までそばで支えてくれたことから気付いた、家族のきずなと感謝です。

太陽のような母の存在で、自らの結果を嘆くというよりも、私の行動を見守ってくれているという安心感や、自らで判断し進んでいくことの大切さを教わり、これからの自分を後押ししてもらえたと思っています。

そう考えると、無力感は合格できなかったことより、根底に親を喜ばせたいという思いをもっていたからだと気付きました。それは、他のことで喜んでもらおうと行動するきっかけにもなりました。

心から信頼できる人がそばにいてくれる環境がもたらす影響は、とても大きいと思います。自分が年を重ねて親になると、なおさら誇れる愛情を感じます。そういう意味では、仕事も同じです。厳しい時代ですが、経営者やリーダーが従業員にとって誇れる存在の会社は、見えない団結力や気高い品位を感じます。

私が少しずつ自分をコントロールできるようになってきたのは、失敗を繰り返しながらも、その学びをもとに行動を継続してきたからだと思います。

決断（大学進学）→行動（受験）→結果（第一志望不合格）→学び（あきらめず次の行動を起こす）を繰り返すことの大切さです。行動は、最良の学習手段です。そこから必ず何かを学びます。

両親は、進学を希望した兄と私の二人ともを、4年間大学に通わせてくれました。大学生活は、勉強だけではない、現代のコミュニティーともまた異なる、そのときそこでしか味わえない環境があり、今に生かせる貴重な時間となっています。

私は、大学受験で無力さに直面したからこそ見えてきた大切なものがあります。ここが、「私の原点」であり、今につながる力です。


失敗は、成功を導きます。前向きな人は、この言葉に特に共感できるのではないでしょうか。新しいチャレンジをしなければ、失敗もしませんが、大人になっても保守的にならずに行動する人は、どんどん成長できます。

私は、大学受験で無力さを経験したことで、就職活動は人一倍行動しました。

当時の私は、単純に企業規模が大きくて社員数が多いほど給与水準が高く、設備が充実していて、職場環境が整っているという概念を持っていたので、それを叶えるために大企業に就職したいと願っていました。

また、大学と就職は自分の人生を左右するとも思っていたので、第一志望の大企業に就職することができた時は、まじめにがんばってきて良かったと、ひとまず安心しました。この時点においての私の目標は、達成できたからです。

新しい環境で、新しい分野を学び始めた時は、吸収する知識量は最も多くなります。新入社員の時の私もそうでした。どんな小さな進歩でも構わないと思います。充実した仕事のなかでは、進歩を感じることができます。その進歩を感じれば感じるほど、長期的に自分を高めることができます。進歩がさらにやる気を生むからです。

入社後、会社の所定労働時間が8時間、1日の睡眠時間を7時間とすると、起きている時間の半分近くは会社で過ごしていたことになります。これだけの時間を過ごすということは、やはり職場環境や給与水準は大切だと実感していました。

有名企業への就職は両親も喜んでおり、職場環境や収入面にも恵まれていたことから、当時の大手企業に存在する「終身雇用」という仕組みの中で、転職はリスキーなものと思い、ここで一生安泰に過ごすことを望んで働いていました。

会社は、学生から社会人になった私に、毎月決まった日に給与を振り込んでくれて、社会人に必要な研修を受けさせてくれて、法定通りの休みもある、仕事を通して働く経験を積み重ねていくことも出来るため、当時は働き方を変えようとする思いもありませんでした。

大きな組織だからこそ同じ目標に向けてチームで働く力の魅力を学び、20代という多感な時期に共に過ごすことができた人間関係は、今でも自分の財産です。

しかし、この話は今から約20年前の話です。

将来を見据えたキャリアを考える

日本では今、これまで常識として認識されていた様々な事柄が大きく移り変わろうとしています。当たり前だと考えられていた終身雇用の仕組み、人生観、キャリア計画も大きく変わり、これまでの考え方が通じなくなってきています。

こうした中、国民の生活の質を維持し、増大する社会保障負担を担うべく財政の持続可能性を担保するために、生産年齢人口がしっかり働き、その一部を高齢者に分配する必要があります。それが今の日本の福祉制度です。福祉制度を維持するためには、継続的に生産性向上を実現する経済モデルが必要とされています。言い換えれば、働くことが社会貢献になるのです。

また、男女が共に活躍し、義務を担う存在になります。

男女平等ではないといわれる日本の働き方は、国際社会から批判されていますが、これからの日本は、子どもがいる女性も男性と同じように働ける社会にしようとしています。

女性の労働市場への参入は、生産性と強い相関関係があることが確認されています。生産性は一人当たりのGDP（DGP／人口）なので、国民の約半分を占める女性は、働いても働かなくても分母の人口にカウントされます。つまり女性が働くことで、その人口分の分子が増え、国全体での生産性が高くなるのです。

日本の女性の教育水準は、国際比較をしても高いレベルにあります。経済社会を考えても、女性の役割と能力の活用は必然です。社会保険制度が充実している日本では、女性が単純に働きに出るだけでは十分ではありません。男性と同様に働き、同じような水準の給料が必要なので、男女の同一労働も不可欠です。

他の先進国では、女性が男性と同じ生産性の高い仕事をする「同一労働比率」が高くなっています。それが日本では、同一労働・同一賃金以前に、同一労働自体が進んでおらず、男女の収入に大きな差がある状態ともいえます。

日本の政府は女性の活躍を政策目標に掲げていますが、国家公務員の女性比率は全体の18％、高官はたった3％に過ぎません。イギリスの国家公務員の女性比率は54％（2017年）、同アメリカは43・3％（2016年）ですので、他国に比べても非常に低水準に位置しています。女性活躍といえども、まだまだ環境が整っているとはいえません。

女性のキャリアは、着実にまっすぐ最短でつくられるとは限りませんが、多くの会社は少しずつ活躍できる環境を取り入れてきています。

私と同じように、育児を経験してその後に違う仕事をしたり、自分で仕事をつくったり、仕事と家庭の限られた時間のなかでも、どんどん成果を出していくことは出来ます。働き方を本気で考えれば、どこかで急にステップアップ出来る可能性も秘めています。

また、これから、団塊世代が75歳以上の後期高齢者になると、大介護時代が訪れます。それは、男性にも女性にも関わる問題であり、両立するため

◆ 就業者及び管理的職業従事者に占める女性の割合（国際比較）

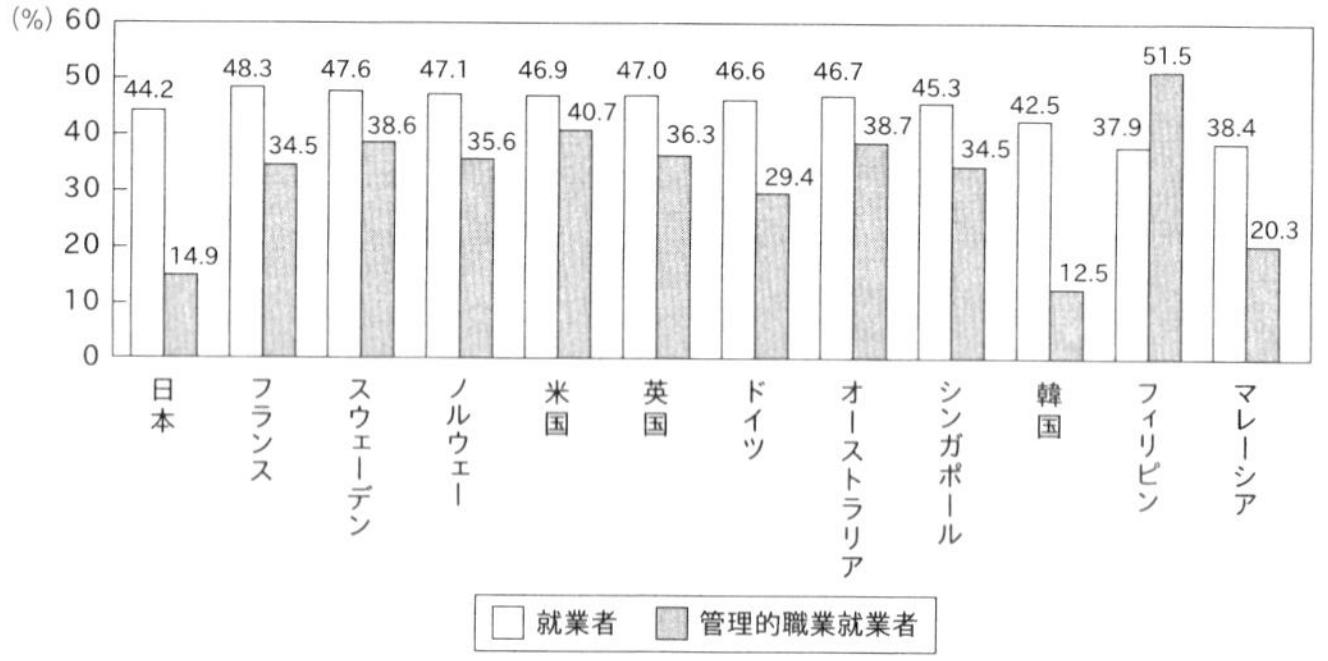

（備考）
1. 総務省「労働力調査（基本集計）」（平成30年）、その他NO国はILO"ILOSTAT"より作成。
2. 日本、フランス、スウェーデン、ノルウェー、米国、英国、及びドイツは平成30（2018）年、オーストラリア、シンガポール、韓国及びフィリピンは平成29（2017）年の値、マレーシアは平成28（2016）年の値。
3. 総務省「労働力調査」では、「管理的職業従事者」とは、就業者のうち、会社役員、企業の課長相当職以上、管理的公務員等。また、「管理的職業従事者」の定義は国によって異なる。

出典：内閣府男女共同参画局『令和元年版男女共同参画白書』

には働く時間や場所を意識せざるを得なくなります。働き方を本気で考えなければいけないのは、男性も同じです。

これからは、権利として時間と場所に制約されない働き方が多様化してくる一方で、義務として個人の自律が必要とされます。退職後や定年後をどうするかではなく、早期退職しても定年退職しても、今と同等の仕事が続けられるスキルがあるかを考えるほうが大切です。

第3章

格差社会に対応するためのスキルアップ

～スキルアップに真剣に向き合うべき理由～

長く働く時代に不可欠なのが、
時代に合わせたスキルアップ。
その必要性と、
現実的なスキルアップ設計についてお話します。

時代の変化への対応

スキルアップは、能力を開花させ、生産性向上と強い関係性があります。成長しようとすれば、自身のレベルアップのための学びが必要なのは言うまでもありません。新しいスキルを学び、新しい技術を活用出来ることが必要です。それは、誰もが求められていることです。日本では、入社して何年かは会社の基本スキルの教育を受けますが、一般的に職責があがるほど、スキルアップのための教育や研修を受ける機会が少なくなります。

多くの人は、経験を積むにつれ、仕事の行動やペースに自分の型をもつようになります。そのため、型を破り新しいことに挑戦するのが難しいと感じてきます。経験を活かして自分の型を確立することは大切ですが、それに固執しすぎると、自分の型が通用しない局面に遭遇した時、その型を変えられずに行き詰まってしまいます。

国民の平均年齢が高くなるにつれて、生産年齢人口も高齢化する傾向にあります。年齢を重ねている人ほど、昔からのやり方に慣れ親しんでしまい、新しいやり方を取り入れる以前に、その存在自体を知らないこともあります。

たとえば、いまだに要件をＦＡＸで送るという現状すらあります。これからは、働き方改革の経済的側面である生産性向上を実現するために、科学技術を生かしながら、挑戦し続けなければなりません。

科学技術の進化は、コスト構造の変化、新たな需要の創出、付加価値領域の変化をもたらすとされています。そのため、継続的な先行投資や新たなビジネスモデルの構築など、今後、数年の取り組み次第で、競争力を左右することになると想定されます。

その本格的な活用に向けて要となるのが、まさに人材です。新たな科学技術を、人によって利活用するための技術の習得や職業訓練などが、必要不可欠になります。

そのため、個々が自主的な感覚で、顧客に選ばれるような科学技術の活用の仕方やスキルを学ぶことが大切です。

これから、人間とＡＩが共存する時代が来るのは確実です。

新しい科学技術の効果を最大限に引き出すために、好ましくない方法は取り除き、時代に合わせた実践を、外部環境の変化とともに行うことが求められます。

40歳前後になると、どうしても新しい考え方をすぐに受け入れることや、変わろうとしにくい傾向があります。日本国民の平均年齢は約46歳（２０１５年統計）で、社会全体で若手世代の割合が減少しているため、変化しづらくなっていると言われています。しかし今、変化することから逃げていても、きっと変化させなければいけない時はやってきます。

時代に合わせて、自身が活躍出来る場を模索しながら、時には知らないところに飛び込む勇気がいります。男性も女性も、同じように活躍が求められている時代です。

そして、これからはテレワーク・副業・兼業などといった多様な働き方が出来る時代です。だからこそ、固定概念を取り除き、多様な働き方を取り入れ、自分の人生を豊かにするために何が出来るか、自分を成長させるにはどうするかを、冷静かつ真剣に考えてみる時間をもつことです。

人的資本と社会資本としての自分を考える

今の自分のスキルは、「個」として働けるスキルかどうかを、自分の知識や経験を一度疑ってみて、考えてみる必要があります。

組織人として長く会社のために働いていると、積み重ねてきたスキルをそのまま自分のもつ実力として考えてしまいがちですが、転職や定年を経験すれば、その考えがそのまま通用しないことに気付きます。それは、仕組み化された強いシステムがある会社ほど顕著に現れます。

大きな組織に勤めて、そこで長年過ごすことで、会社内ではその人の人的資本（能力やスキル）や社会資本（人脈や評判、信用）が蓄積されます。しかし、この二つの資本は、その会社を離れたときには、大きく目減りすることになるのです。

例えば、大きな組織に勤めていた人が、転職後に給料が半分になったということはよくある話で、その失った給料の半分は、前の会社の中での人的資本や社会資本であったといえます。つまり、その会社から離れてしまうと、これまでの自分の型が通用せずに、脆弱なものになってしまうのです。

もちろん、組織で培われた能力や人脈は貴重であり、その人の貴重な人的資本と社会資本が評価されないわけではありません。

医療が発達し、70歳～80歳くらいまで十分元気に働ける時代になり、同じ会社で60歳や65歳まで務めて定年後はゆっくりするという従来の人生設計が最良とは言えなくなっています。65歳まで仕事を全うすることはすばらしいことです。

しかし、その後の働き方や生活を、定年後に考えるのと、前もって準備しておくのとでは、大きく差がでます。70歳~80歳まで生き生きと活躍し続けたいと考えれば、早い時期に自分の働き方を見直し、新しい環境に目を向けておかなければ、その時に自分スタイルの働き方が思うように出来ず格差の拡大につながります。

国も、高齢者が健康で意欲と能力がある限り、年齢にかかわりなく働き続けることが出来る社会の実現を目指した対策に取り組んでいますが、ＡＩ技術の進歩が早ければ早いほど、時代の変化に対応して、自分の所属する組織以外やコミュニティに出入りするなどといった、自らを変えていく速度も早めなければいけません。

自分に合わせたスキルを考える

私は会社員時代、何年かすると違う部署に異動しながら、会社の中でいくつかの課で仕事をしてきました。今、冷静に考えると、自分の専門職がないから、人員不足の課へ異動していたのだとわかります。専門職があれば、仕事を変えることなく会社を変えたり、開業したり、選択肢が他に出来るのです。

私は、育児後に働くことを考えた時、10年間勤務したなかで、一般的に評価されるスキルは少ないと自覚していたので、育児中に今の能力の少し上であろうレベルの資格を取得しました。

それにはきっかけがありました。在職中に数名の税理士が来社して打合せをしている姿を傍で見ていたのですが、彼らの男女問わず自立している姿が自信に満ちていて、専門的知識があればあのように自立出来るのだ、と思ったのです。他人を見習う習慣は大事です。

もちろん資格を取得しただけではスキルとしてそれほど役立ちませんが、まず私が掲げた目標は、自分で決めること、実行すること、結果を出すこと、の三つでした。その先に、自立した働き方を目指したのです。

独占業務となっているものについては資格がいりますが、その周辺業務は無資格でも出来るため、例えば経営コンサルタントのように資格が必要のない専門職もあります。

起業して分かったことは、あの時の税理士が自立して見えたのは、資格試験はもちろんのこと、努力して乗り越えてきた経験をいくつも持っているからだということ、会社員時代の自分はそういう経験をしていないので、未知の世界だったということです。その時既に、大事なのは会社ではなく仕事を選ぶことだと思い始めていましたが、行動するまでには至りませんでした。

私は起業する時に、3年である程度の結果を出すと家族に意志表明していました。自分の意志でチャレンジすることは、たとえ失敗したとしても、経験として役立ち、視野が広がり、見えていなかった世界が見えてくることがあります。以前の会社は復帰制度があるため、育児が落ち着いて復帰すれば、新たな働き方を自分で切り開いていく必要もありませんが、復帰は考えたことがありません。

安易な道を選択したり、次の日も同じ仕事をするだけでいい、と気軽に毎日を過ごしていると、人間は何もかもにもっと楽をしたいと考えるようになります。そうなると、今はよくても、未来の自分が後悔するかもしれません。

今しか出来ない、自分の働き方に合わせたスキルを取り入れようと、精一杯努力することは、大切だと実感するところです。

リカレント教育と給付制度

働き方を見直すうえで、生涯をとおして社会で活躍し続けるために、リカレント教育の必要性が強調されています。リカレント教育の本来の意味は、学校教育を人々の生涯にわたって分散させようとする理念で、職業上必要な知識や技術を修得するために、フルタイムの就学とフルタイムの就職を繰り返すことを言います。

しかし、日本では長期雇用の慣行から、この言葉を本来の意味より広くとらえており、働きながら学ぶ場合、心の豊かさや生きがいのために学ぶ場合や、学校以外の場で学ぶ場合も含めてリカレント教育ととらえています。それは、趣味とはまた違う、働くということが前提にある学び直しであり、よりよく働くために役立つ実益があるものとされています。

現状、多くの大学で社会人入試が実施されるなど、利用しやすい制度の拡充がされています。それは、年齢などに関わらず、誰もが人生を再設計する社会に向けて、大学が社会人の学び直しをミッションとして明確に位置づけて、ますます多様化する役割やニーズに応える改革を進めていこうというものです。

このような大学経営の背景には、少子化も大きく関わっています。国民の55％が24歳以下だった1950年頃であれば、若い人だけを対象とする経営戦略は、国家教育のあり方としても理にかなっていました。しかし、2030年頃には24歳以下の国民が18％にまで減少すると予想されています。

そうなると、大学は国民の18％の教育について議論するのではなく、残りの82％をどのように教育していくかが課題となってきています。そのために、社会人の再教育を積極的に行おうとしている側面もあります。

たとえば、22歳まで教育を受けて60歳まで働くとすると、教育によって培われてきた知識は38年間使われることになります。これからは、人生１００年時代となり70歳～80歳くらいまで十分元気に働ける時代になると考えられています。そうすると22歳まで教育を受けて80歳まで働くとすれば、教育によって培われた知識は58年間使われることになり、その後に教育を受けなければ、当然これまでの知識だけでは時代についていけなくなる現実もあるのです。

一度学校を卒業して社会に出た人が、人口の4分の3を占める時代がくるといわれています。教育の対象が、大人になっていることを受け入れなければいけません。少子化の影響は、大学だけではなく、あらゆるところで重要な論点が生じてきており、これまでの固定概念にとらわれない解決策の議論が必要となっています。リカレント制度の整備については、まだこれから必要とされているところでもあります。

教育を受けたいと思った場合の費用については、たとえば雇用保険の被保険者向けの「専門実践教育訓練給付金制度」があります。平成26年10月1日に創設され、非正規雇用の若者をはじめとする労働者の中長期的なキャリア形成のため、就職出来る可能性が高い仕事で必要とされる能力や、キャリアにおいて長く生かせる能力の習得を目的とし、平成31年4月1日時点で、２４０７

講座が給付の対象となっています。

資格を取得するために、進めるべきプロセスが明確化されている場合が多く、行動に対する達成感が得られやすい傾向にあります。そして、現在やこれからの仕事に関係する資格であれば、キャリア形成のプラス要因となり、長く生かせる能力にもつながります。

企業においても、社員にリカレント教育を受ける機会をいかに提供するかが、課題となっています。一部補助などの制度化に向けて調整する企業も増えつつあります。

再教育の本当の必要性

私は国家資格を3つ取得していますが、すべて前職と現職に関係するものであり、今のスキルの

◆ 専門実践教育訓練の講座数・教育訓練給付受給者数

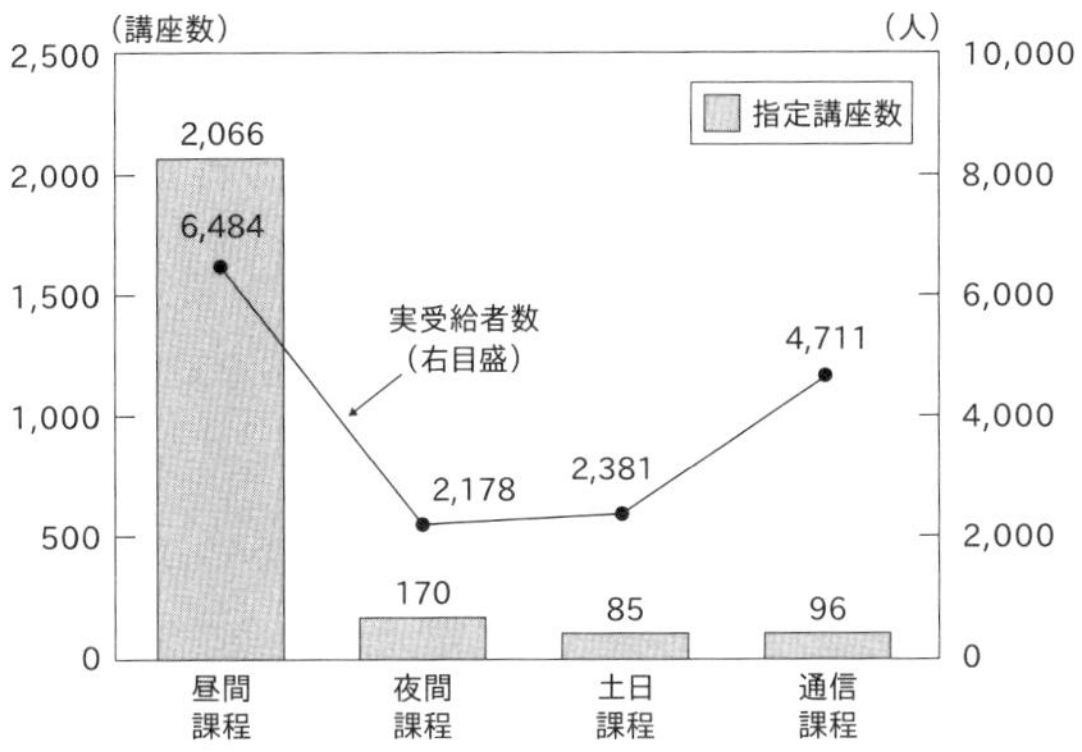

出典:厚生労働省『平成30年版 労働経済の分析』

土台です。

法学部卒業で、弁護士を目指した経験はありませんが、法律に興味があります。取得した3つの資格も今の仕事も、すべて法律が関係します。試行錯誤しながらも、自分が時間をかけてきたことに着目すれば、結局自分の興味があることを選択して生きているのだと思います。

資格取得は有益なものでもありますが、自分の安心材料にするためや、資格コレクターになることが目的になってしまうと、また意味が違ってくるということには注意しなければいけません。

読書、社内外のセミナー、資格取得で知識やスキルを高めただけでは、当事者意識がない能力開発のみで終わってしまいます。

必要なのは、それを土台にして実益に変える行動や、実績を積むことにあります。簡単に言えば、仕事をするうえでは、資格をもっているだけや能力開発のみを目的にすればよい時代は終わり、知識やスキル習得に一生懸命になる以上に、行動によりそれらのスキルを使い、さらに学んでいく方法によって自分を磨いていかなければいけません。学ぶべきこと、やるべきことに挑むと、出来ることが増え、その過程で人脈が出来ることがあります。

そこからまた別に派生した機会が生まれて、さらに出来ることが増える。結局、すべては、目標をもち行動することから始まると言えます。

やるべきことの本質は、気概をもち、自分の強みを積み重ねていくことにあります。そして、自分の強みというのは意外にやってみないとわからないことでもあります。

現代のように科学技術の進歩が著しい社会では、一度学んだ知識が時間とともに陳腐化してしまう傾向があるので、自分のペースで学びを継続させ、常に新たな知識やスキルを書き入れていく必要があります。

その際に、私が取り入れていることですが、そのまま上書きをするのではなく、部分的に頭を真っ白にするためにリセットをして、そこに新鮮な知識を入れると、より新しい感覚が得られます。

たとえ、自分の人生の中で今の状況がよいものだとしても、それは過去の努力の結果であって、これから何の保証もされていません。将来に向けては、さらに努力することによって、これからの新しい結果が生まれてきます。

成功体験を繰り返す工夫を

自信というものは生まれ持ったものだけではなく、後天的に作り出すことが出来るものです。その自信を作り出すのに大きく影響するのが、上手くいかないことに対してどういう姿勢で取り組むかです。

人は、成功体験を繰り返すことで、出来ることが増えていき、出来ることが増えれば自信となり、さらに自分を信じて行動するようになっていきます。つまり、自信を作り出そうと思えば、やると決めたことに意欲的に取り組み、小さなことでも成功体験を繰り返すことなのです。

遠いゴールに向けてモチベーションを保ち続けることはとても大変ですが、まずは近いゴールであれば頑張れます。そして、近いゴールの延長線上に、遠いゴールへとつながるような計画をたてます。

また、人に勧められてやるよりも、自分からやると決めるほうが、強い自信につながります。自分の意志によらず、人に言われて反応して従うことは、他人にコントロールされた部分があり、意欲的になりにくかったり、失敗から学ぶことが少なく成長につながりにくかったりします。

私自身も、自分で決めて責任を負うからこそ、大きな自信につながっています。そして、成功体験の積み重ねによって自信が生まれてくると、前を見て取り組んでいけるようになってきます。

アファメーションという言葉があります。

アファメーションとは、自分自身への肯定的な宣言のことなのですが、効果的に活用すれば、自信や可能性を高めることが出来ます。

前節で、私は起業して3年で、ある程度の結果を出すと家族に宣言していたと述べましたが、まさにそういうことです。なりたいと言うより、なると宣言するのです。

アファメーションで自覚した思いは、目標達成のための考えや行動を自然とコントロールする力を持ちます。例えば、自分は出来るという自信のアファメーションは、出来る可能性を自然と見出して、新たなことを切り開いていったり、今やるべきだという行動力にもつながります。それは、「成功出来る」という自信に反応して、自然とその成功に必要な考えや行動を含むパフォーマンスを発揮出来るようになるからです。自信を持てば、無意識に理想の方向に向かって行動するようになり、それによってチャンスを掴むことにもなります。

もちろん、大きく結果を出すためには、自信だけでは不完全で、自分に自信を持ったうえで、さらには方向性を考慮した計画と目標設定、自分の強みの強化と弱みの対応など、独自の視点やセンスも重要です。

それは、自分に自信を持ってから進めていけばよいのです。

自信を持てば、自然と前向きな考え方が出来るようになり、自分の理想に向けた行動がとれるようになってきます。そのためには、まず成功体験をする、そしてそれを繰り返すことです。

得意分野をつくり学びを成長に直結させる

私が起業した当初は、安定しない、変化する毎日で落ち着かない、といった環境で過ごしていました。変化が苦手な人にとっては、極めて苦痛に感じると思います。しかし、だからこそ得られるものもあります。満たされていないものや、足りないものがある状況になれば、努力しようとして新しいものが生まれてきます。

いつも原点を大切にしながら、そこから何事にも負けずにやってきました。そして、失敗も含めてやってきたことすべてが、今の人生に生かされています。自分との向き合い方が大切です。特に独立後は、人それぞれの価値観に出会い、それらを受け入れながら自制心をもって行動してきました。目標に向けた行動を優先することで、今までにない仕事や人との出会いが生まれました。

会社員時代には、チームの一員として会社の表彰台に上がり、表彰者の懇親会では社長にビールをついでいただき、支店内の取り組みでは、個人でアドバイザリー契約数第1位を獲得してきたこともあります。しかし、今はそれ以上に広がる可能性を感じています。自分の自由意思で考えた目標設定が出来、仕事に対する考え方も取り組み方もがらりと変わったと思います。

もちろん仕事は大変ですが、仕事に対する捉え方が、以前の自分とは全く違います。目標をもって主体的に行動することで、少しずつ物事の考え方が変わってきました。主体的に行動するとは、自己主張を一方的に押し通すことではなく、物事を謙虚に、客観的に見る姿勢でもあります。

自分の中で〝これは得意〟というスキルや専門分野をひとつでももてば、人はより強くなります。強くなればさらに学ぼうとする意欲がわきます。自分の能力がある程度までついてくると、学ぶことが充実感となります。自分らしいことに取組み、なりたい自分に近づいている成長の自覚やそのプロセスは、自分に大きく影響します。

知識やスキルを身に付けることの意味合いは、究極的には自分らしい豊かな人生が送れることにつながります。

現実的なスキルアップ設計

大学に在籍しながら起業する主体性の強い人もいますが、私と同じように、具体的に何がやりたいか、何が得意なのかが分からない若いうちは、多少忙しくしても、自分なりのスキルアップが出来る職場で働くことは、いいことだと思います。

職場は、自分の労働力を大いに発揮出来る場所であり、給料をもらえて自分を成長させることが出来る貴重な場所でもあります。その仕事が自分の将来ありたい姿やライフスタイルに適合しており、素直に自分にとって良い世界であれば、そこで本業としてスキルアップし続けることが出来、何よりも働く経験から得られるものは非常に多いのです。

仕事によって得られるのは、スキルだけでなく、内面も磨かれていきます。それらは、自分でも気づかないうちに体得して、日常生活のさまざまな場面で活かしているものです。

特に大企業になると、研究開発、輸出、科学技術の普及、人材トレーニング制度、女性の活躍支援などの多くが整った環境で仕事が出来ます。職種で差はありますが、給与水準が高いという共通の特徴もあります。

大企業で働く従業者は全体の約3割というのが現実ではありますが、規模が大きくなればなるほど、設備投資をする余裕も生まれ、社員一人当たりに準備出来る設備が充実しています。現実的なスキルアップ設計には、条件の整った会社に在籍することが効率的だと言えます。

一方、大学を卒業してすぐに、自分に合った理想の仕事が見つかることを期待するのは、非現実的でもあります。たとえ企業理念やビジョン、人事制度の仕組みを調べて入社したとしても、その会社が自分の働く場所として最適なのかを把握するには、経験しなければ分かからないもので、一つのことを思い切り深く追及しようとすれば、しばらく時間がかかります。

そして、経験を重ねるにつれて、主体性の高い人ほど、働きたい場所や目標は変化していきます。大事なのは、そのタイミングで自分の成長やスキルアップを目指して、積極的に行動することです。


私は、会社での10年間を区切りに、ライフスタイルに合わせた働き方に変える選択をしましたが、今あるものを取り除く、または入れ替えることは、自分の価値観に基づいた新たな創出をもたらし、新陳代謝の促進となります。

あえて慣れた居心地の良い場所を離れ、前に進むために自分は何が出来るのか、そのために必要なことは何かを、具体的に考えてみます。自分の取るべき行動を具体的に考えることで、本気度が高まります。

そして、課題に取り組むうちに経験が積み重なり、やがて、自分のしていることに自信をもち、結果を推測しながら、さらに新しい課題に取り組むようになってきました。


会社では、スキルアップは義務ではありません。しかし、普通の会社員の私が自分の働き方を自分で見つけるためには、学んだり、変化をしていかなければ変わるはずがありません。自分の出来ることの幅を広げることは重要です。

退職せずに与えられた仕事を黙々とこなしていただけであれば、間違いなく今の自分はありません。決まった仕事がない環境をつくり、自分のやるべきことを考える時間をもち、判断し実行していく、その繰り返しがあればこその今があります。何度もうまくいかなければ批判的な気持ちも出てきます。それでも、本気で取り組むなら必ず前に進めます。

変化に対応するためには、国にも企業にも多くのことが求められます。しかし、最も大きく変わることが求められているのは、私たち一人ひとりの個人です。

これから先、人がすべき仕事がなくなることはありませんが、大企業であればさらに生産性向上のため、それほど遠くない未来に管理業務、セールス、マーケティングなどの仕事の一部は、ＡＩやＲＰＡによって代替または補完されることが考えられます。

まさにその時、否応なしに、個人の主体的な力が試される環境におかれると思います。その前に、自分でスキルを磨き、環境を整えておかなければいけません。

誰にでも、今より成長し良くなりたいという向上心があると思います。そのためには、自分が仕事を通してどのようなスキルアップをしていくのかという計画を、常にもたなければいけません。

仕事は日常的なものだからこそ、人生の中で重要な存在となります。

だからこそ、仕事は自分を高めることや継続的に成長させることが出来る、最高の手段でもあります。

インプットこそ成長の種

前節でも触れましたが、これからのスキルアップは、知識の習得以上に、行動によりそれらの知識を使い、自分の中に蓄積していくことが大切です。その際の、インプットをアウトプットにもっていくプロセスと思考が、自身に大きな影響をもたらします。要するに、最終的な結論としてのアウトプットからの学びというよりも、プロセスからの学びです。

プロセスと思考とは、アウトプットするまでに課題整理をしたり、推論や仮説を立てたり、最終的な主張や回答にいたるまでに、どのように考えたかというような学びのことです。私は、そこにこそ実益のある学びがありました。

例えば、講義の資料作りにおいては、最新の情報をもとにして、深堀りするところはさらに加えていき、分かりやすい例を立て、それらを整理して資料として完成させます。そのため、資料の内容以上に、作り上げるまでのプロセスと思考が自分の学びになるのです。

最初は、知識がなく様々な壁があったため、考え方や発想が豊かになる情報をインプットしました。知らないという認識を持つことが、学びのスタートです。知識があれば、それをもとに自分には何が出来るのかを考えることが出来ます。そのため、最初の知るための行為は大切です。

そして、吸収された知識を参考にしながら考えていけば、そこから自分の思考や発想を生み出すことが出来ます。インプットは、新しいものや何か興味深いものがあれば、人と接点をもってみる、旅行をしてみることからでも、もたらすことが出来ます。

人はみんな本質的に無知の状態から、知るという能動的な手段を通じて学んでいます。そのため、豊かな知識をもち続けたいと思えば、一生学び続けてインプットする必要があり、発想が豊富な人はそれが習慣化されている人だと思っています。

常にインプットするというと大変な感じを受けるかもしれませんが、実際ある程度継続して続けていると、ある時点から自然とインプットするようになってきます。

それは、時間の経過にともなって、スキルレベルが変わっていくからです。

最初はなんとかインプットし続けるレベルでも、やり続けているうちにスキルレベルが上がり、習熟度が高まります。

一気に習熟度を高めることは出来ませんが、習慣化されるまで継続すれば、変わってきます。

継続することにより積み重ねた知識は、その後の吸収速度が加速するという好循環が発生するため、そこで自分の成長に気付きます。人は一度成長の機会が得られると、モチベーションが高まり、さらに継続して取り組むようになるので、ここからますます差がつくようになります。

考え方や発想を変えれば行動が変わり、行動が変われば習慣が変わり、習慣が変われば結果が変わります。まずは、少しの知識を入れることから始めて、考え方そのものを変えることが必要です。自身の気持ちを前向きに変えていくことは、上司やコンサルタントではなく、結局はあなたにしか出来ません。誰かに縛られている心理状態だと、前向きにはなれません。

アウトプットへのプロセスで成長する

インプットした知識は、あくまで自分の考え方の参考材料です。それを自分の頭で考えることをし、アウトプットしてこそ、インプットが役立つことになります。

例えば、起業したいと思いインプットし、そこからすばらしいと思える知識を得ることが出来ても、それを自分の頭で考えて実行に移すというアウトプットがなければ、その知識は自分の人生の参考になったにすぎません。

そして、インプットだけの学びは、長く記憶にも残りません。人間は、使わなければ、記憶した20分後に半分、1か月後には20％しか記憶に残らないそうです。

インプットした知識は、書く、提案する、教える、行動するといった自分なりのアウトプットをしていく中で、自分の成長につながるものへと変わります。

私がインプットとアウトプットの繰り返しで得られたものは、知識や能力といった頭の力というよりも、考え方やアイデアといった基盤になる力が出せるようになってきたことです。アウトプットは、能動的な行為だからこそ、自分だけの技術につながります。

どんな人も、最初から何でも出来たわけではありません。

やはり、才能＝結果ではなく、行動＝結果だと言われていることが、ある意味あてはまると理解しています。

自分を成長させるためには、どんどんアウトプット（行動）していくことです。


人生は、意志決定の連続であり、その積み重ねの結果が、今の自分がいる場所になります。今自分がどういう位置にいるかを把握し、そして何が出来るかを考え、出来ることに取り組んでいく行動が必要です。

行動に移すことから逃げると、結局は同じ悩みがやってきます。そして、また逃げると、再度同じ悩みに直面します。前進するためには行動に移すことです。

行動を後回しにすれば、その分だけ歳をとることになり、さらに行動しにくくなります。行動しなければ、もちろん何の結果も生み出さないので、停滞ののち後退してしまいます。今の自分に出来ることに加えて、新たなことにチャレンジしてみることです。

困難であるからこそ、実現に向けてチャレンジすることに大いなる価値があります。

第4章

人生100年時代に必要なものとは

～変わるライフステージに対応する備えを～

50代で生き生きと仕事をしていることを
目標に設定すると、
変化を生き抜くための方策が見えてきます。

「年金100年安心プラン」の中身を知る

人口動態の変化を客観的に分析すると、日本は近代以降の世界において、前例がないスピードで人口減少と高齢化を経験することになり、厳しい経済社会の現実が待ち構えています。これからの日本は、世界のモデルケースになるともいわれています。

人々はかつてないほどの長い人生を送ることになり、70歳～80歳くらいまで十分元気に働ける時代になるであろうといわれていますが、これほど長く働く未来を、多くの人は、現実的に自分のこととしてまだ想定していないかもしれません。

今年6月に金融庁の金融審議会が公表した報告書「高齢社会における資産形成・管理」によると、夫65歳以上、妻60歳以上の夫婦のみの無職の世帯では、現在でも月に平均5万円の赤字となっていることなどをあげ、95歳まで生きる場合には、夫婦で2000万円の蓄えが必要になると試算しましたが、ひとつの参考にするべきではあっても、その内容だけに惑わされないようにしなければいけません。

報告書では、マクロ経済政策をどのようにするかといったような議論されつくした内容というよりも、超高齢社会への備えとして、現役期から「つみたてＮＩＳＡ」や「ｉＤｅＣｏ」などを用い資産形成するよう促していますが、金融審議会の報告書ということから、販売促進のようにも感じ取れる部分もあります。

一方、この報告書をまとめた委員たちの主張は、冷静に受け取るべきものと思っています。これまでに、有識者の委員たちは、1回2時間半の審議を12回重ねてきています。私も以前、市長の委嘱を受けて市の住民投票条例検討委員会の委員として、同じような時間と回数を経て、議会棟での審議やフォーラムを重ねてきた経験があります。しかし、その答申を含めた条例案は、たった一度の本会議裁決で否決されたのです。その時の違和感はよく覚えています。

現段階でまとめられた報告書は意味あるものであり、その報告書を踏まえたこれからの政府の対応こそが重要となるのです。

個々の世帯それぞれに生活スタイルはバラバラで、十分に働ける人、資産を所有している人、困っている人がいるなかで、一律に蓄えが必要という内容では、全体像が正しく国民に伝わりにくいようにも思います。

また、報告書の内容は、因果関係が逆のようにも感じます。例えば、世帯主が65歳時点における金融資産の平均保有状況は夫婦世帯で2252万円なので、2000万円の蓄えとする単純な論理にまとまったのかも知れませんが、それはかけ離れた高所得者が平均をあげているためで、中央値ではありません。総務省発表の高齢者（60歳以上）の貯蓄額の中央値は１５１５万円になっているのです（２０１８年総務省『家計調査報告（貯蓄・負債編）』）。

もうひとつは、支出ありきの考え方をしていますが、現実は収入ありきで生活するので、平均５万円の赤字というのも理解しにくい思いもしています。

そうであっても、自分が満足する生活水準を実現するためには、年金だけでは足りないということ、今後は年金受給額を含めた資産を見える化し、就労延長、資産形成、支出の見直し、といった自助努力が必要だということを、国民に提言したように思います。

かつて政府は「年金１００年安心プラン」で１００年安心を掲げており、日本の年金制度では5年に1度「年金財政検証」として、最新のデータを基に給付される水準を検証することが法律で定められています。その１００年安心の意味は、「今後１００年間は、所得代替率を最低50％保証するので安心してください」というものなのです。それらの正確な情報を自分で得て、年金制度を活用する必要がありますが、今の40代より下の年代で将来年金を受給する人は、給付額が減ることはほぼ確実となります。そのような現状であるからこそ、自分の中でものを考えなくては、よい方向には進みません。

年金を考えるにあたって知っておくべきことは、その時代に現役世代が何人いるかで、もらえる年金が決まる仕組みの賦課方式だということです。そして、掛け金と給付金がほぼ連動しているので、給付金を増やすには、掛け金を増やすしかありません。それを理解していれば、この先、全体がどうなるかはある程度予想出来ると思います。

老後の生活設計

そのような中で、いつまでもやりがいを持ち、健康で生き生きと過ごすことを考えると、定年後も働き続けることを考えつつ、現役時代から自分の収入と照らし合わせて早めに貯蓄や自分年金を準備しておくことは、問題意識をもつという意味でも大切になります。貯蓄が苦手な人は、途中でやめたり引き出したり出来ないルールのものを上手く利用して、否応なしに貯蓄出来る環境を自分で作ることも行動のひとつです。

貯めるのは、お金だけではありません。早めに目標を設定して、その方向へ自分のキャリアを集積して貯めておくことです。

そのために、我々は自分の目標を明確にもって、働き方や生き方を考えておかなければいけません。きちんとした計画は、長い人生の中で効果があることを知っているかどうかだけでも違います。それは、ひとつの自分の選択が、長い人生の中でプラスにもマイナスにもどんどん広がっていくからです。

自分の目標を明確にもっていれば、50歳の時に仕事が生き生きと出来るようになっているでしょうし、逆に目標をもたず、流れに任せた働き方をしていれば、国の年金制度や会社といった何かに頼り過ぎてしまい、その環境に常に影響される人生になるかもしれません。

生きていく中で、多くの選択肢に出会いますが、過去には戻れず、未来のことは誰にも分かりません。老後の生活を含めて、より自分らしい人生を送るために、選択肢の中からどれを選ぶかは、今を生きている私たちに突きつけられています。

〝少し上〟を目指し、家族との時間も充実させる

人が何かを達成するためには、それなりの道を通らなければいけません。

私は、何かを得るためには、何らかの代償を払わなければいけないという考えをもっています。その代償については、周りの人の判断ではなく、自分がどうとらえるかで判断します。覚悟を決めて代償を受け入れるほど、目標に近づきやすくもなります。人は、自分で選択したことで後悔するよりも、それを選択しなかったことのほうが、それ以上に後悔するものだと思います。

仕事をしていると、その分家族と過ごす時間は減ります。私は、今まで子どもたちの年齢に合わせて働き方を変えてきました。今仕事をしているのは、もちろん自分のためでもあり、家族のためでもあります。ですから、子どもたちを見られない時があっても、申し訳ないと思うことではないと思っています。子どもたちは成長し続けており、親の行動を見ながら自分で判断し、どんどん大きくなっていっている今、自分自身も働くことでやりがいをもち、必要とされる人間に成長し続けたいと考えています。

子どもたちは毎日親を見ています。自主的に行動し、自信を持って前進していってほしいと思えば、口で言うより親がそのように行動することがいちばん説得力があります。そして、子どもたちに、目標を持って学び続けなさいと言いたいとすれば、その言葉をそのまま自分に言ってみてください。それは、自分自身がすべきだと、心の中で思っていることでもあると思います。

私は、今の働き方だからこそ、家族の時間を濃くしていると感じています。

例えば、日々仕事をしているので、前もって家族旅行の日を決めてしまいます。落ち着いた時にいつか行こうと思ってしまいがちですが、そう思っていて長期旅行に行けたことはありません。先に決めてしまうと100%実行出来ています。

日本でも訪れたいところはたくさんありますが、時差や長距離移動をしても、思いきり楽しめる体力があるうちに、行き先は海外を選択します。旅はテレビや本で見るのとは違い、直接異なる言語、文化、景色、人と触れ合うことが出来、その過程に新たな発見や出会いがあります。

何よりも、子どもたちは広い世界を見ることで自分の世界も広げるだろうし、行った国での印象的な体験は、何年経ってもそれぞれのこころの中に記憶しています。人は、本や映像で覚えるよりも、実際に自分が体を動かして覚えるものです。学校や塾では学べない経験であり、海外で何かに興味をもてば、これからの子どもの人生にも役立つと思っています。このように、旅行には投資する価値が十分にあると思っています。

社会の仕組みやビジネスも、どんどんインターネット上で行われるようになってきています。子どもたちの将来は、会社に勤務する働き方ではなく、最先端のＡＩ技術を用いて世界各国を周りながら働いているまでに変化している可能性もあります。これからの進歩は誰にも分からない未知の世界です。そうであれば、早くから海外にも興味を持ってほしいと思っています。

普段は家族全員が、それぞれの場所で今の自分より少し上を目指して、毎日忙しく過ごしています。それぞれが目標を持って困難を乗り越え続けているから、楽しいことが何倍にも楽しく感じられるのだと思います。

今でよしと考えれば、これからも同じ日常は流れていくでしょう。

しかし、たとえ小さくても自分の新しい目標がなければ、何かを全力で果たそうとするモチベーションや、達成した時に得られる喜びや感動もなくなってしまいます。少し上を目指す意識を常にもてば、それが正しい選択につながっていきます。

長寿社会といっても、人生はあっという間なのかも知れません。そうであれば、何かに挑戦する日々の方が、生きている実感を味わえます。

自分らしい人生を生きるには、ほんの少しの勇気を出して行動に移し、素直に事態を好転させる努力をしなければいけません。

長寿社会における新しい目標設定の考え方

年齢を重ねてくると、人は新しいことに挑戦しにくくなる傾向にあるので、転職するとまではいかなくても、資格を取得するとか、本を読んでスキルアップすることさえだんだん少なくなってきます。

人は、本気であればおのずと行動出来るのですが、新しいことは先が見えずに怖い、自分のまわりにそういう人がいない、成長に役立つか分からないなどの出来ない理由ばかりを考えてしまうと、新しいことを始める決断が出来なくなってしまいます。

新しい目標設定に大切なのは、能力とチャレンジがある程度釣り合っていることです。難しすぎて投げ出しそうになることや、簡単すぎて飽きることもない、自分の能力をもとにしたバランスを考えます。年をとると、若い時ほど目の前に選択肢がたくさんあるわけではありませんが、いつなんどきでも積極的に挑戦すれば、成長出来ます。

また、目標は自分が出来ると思うレベルで考えるよりも、こうありたいと思う希望をもって少し高く設定するほうが、結果的に自分を大きく成長させることもあります。

年金や介護・医療の問題ばかりを考えていると、健康に生きられる積極的な部分を見失ってし

◆ 自己啓発非実施者が抱えている問題

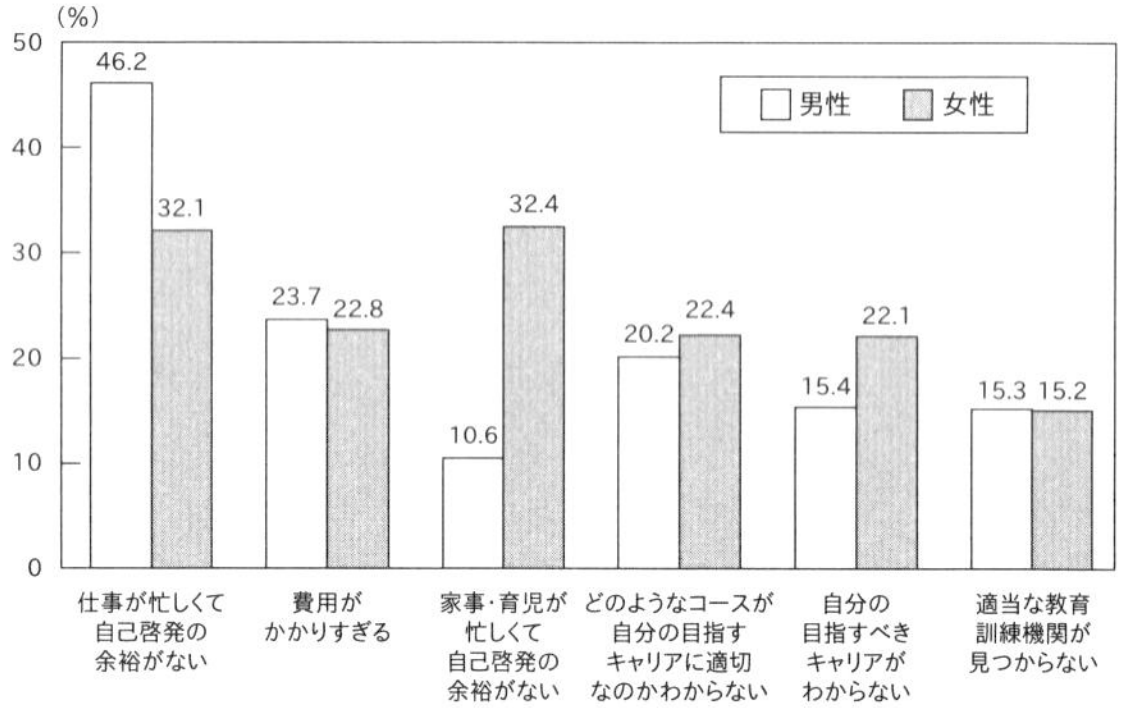

出典:厚生労働省『平成30年版 労働経済の分析』

まいます。これからは、国や会社だけに頼ろうとする生き方ではなく、個人である私たちひとりひとりが、生きていくための人生設計を立てなければいけないため、多様な生き方を取り入れたり、発想の転換が必要です。前もって準備をして可能性を広げておけば、長寿社会を過ごしていきやすくなります。

例えば、目標に向けて、毎日ひとつ何かを学ぶ習慣を身に付けるだけでも、毎日何かひとつが分かるようになるのです。そういう何かを繰り返せば、少しずつ生きやすくなり、人生も楽しい方向に向かいます。長寿社会のなかで働きながら、より楽しく生きていくためには、私たちは学ぶことに向き合っていかなければいけません。何を学ぶかということと、どのような姿勢で臨むかの選択は、自分次第です。

技術革新が速い現代では、簡単にひとつの仕事がなくなってしまう時代です。そのため、新しい目標設定と行動で多様性をもたせておかなければいけません。自分の得意分野をいくつか持っていることは、未来において自分の強みになります。

長生きに対しては負の側面ばかりを考えがちですが、長生き出来る分だけ、多くの経験が出来るようになるのです。

副業・兼業の現実と未来

働き方改革や第四次産業革命といった様々な施策は、自由という方向性に向いています。組織の束縛や影響を受けないより自由な立場になることが、全ての人にとって、より豊かな人生を保証するとは限りませんが、終身雇用という企業と働き手の交換契約が当たり前ではなくなったのであれば、会社も個人も、働き方の自由な選択を受け入れていかなければいけないと思っています。

伝統的な日本企業の人材育成は、ＯＪＴが中心であると言われています。その結果、企業の人材にはその企業独自の特殊スキルが蓄積されていきます。そのような慣習のため、外部の人間を受容しにくい文化が企業にはあります。

個人にとっては、自社以外で通用する汎用スキルを獲得することが難しいということになります。さらには、多様な価値観、知識、経験などに触れる機会が減少し、その結果、多様な価値が創出されにくくなり、絶えず変化する社会構造の中で競争優位につながらなくなる可能性があります。長期化する職業人生の中で、終身雇用という保証が必ずしもないのであれば、働く個人にとっては、自ら新しいスキルを獲得していくという選択が必要になります。

そのひとつに副業・兼業があります。それらは、社外人脈の拡大、スキルやコミュニケーションの向上、起業の手段、そして第2の人生の準備として有効となり得ます。副業は、本業だけでなくそれぞれの仕事にとって成果があるという意味で、最近では「複業」と呼ばれたりもしています。

私は、みんなが副業・兼業をするべきだとは思っていませんが、それを選択出来る社会になればいいと思っています。

副業・兼業をやりたい人や出来る人にとっては、自分を試すことが出来る機会の創出となり、スキルを求めている中小企業にとっては人材確保となり、お互いに望ましい方向へとつながります。例えば、人材確保という観点からは、テレワークを活用して取り入れることで、地方企業の人材不足解消の効果も期待されます。これから労働力人口が少なくなれば、さらに優秀な人をシェアするという価値観も生まれてくると思います。

これまで以上に長生きする時代に、ひとつの会社でしか通用しないスキルしか持っていないということは、それ以外に行動がとれなくなるリスクとも考えられます。今は、副業・兼業を考えていない人であっても、そうした時に備えて、「やりたいこと」、「出来ること」、「人に求められること」の3つの視点で自分を振り返り、将来に向けて選択肢を広げる準備をしておくことが必要です。

副業・兼業の現状は、以前から多いエンジニアの職種に加えて、最近は大手企業や銀行にまで広がりつつあります。

一方、まだ多くの会社では、本業がおろそかになるおそれ、競業・利益相反、情報漏洩のリスクといった点を懸念しており、慎重な態度をとっているのが現状です。特に、歴史のある企業ほど全面的に禁止している割合が高くなっています。

副業・兼業というのは、法律が禁止しているわけではなく、多くの企業が就業規則で禁止をしています。この禁止の合理性判断は、企業、労働者、兼業内容により異なるとされていますが、厚生労働省は平成30年1月に働き方改革実行計画を踏まえて「副業・兼業の促進に関するガイドライン」を策定し、モデル就業規則で従来の副業・兼業についての規程を削除し、届出制とする規定を新設することにより副業・兼業を推進しています。

一方、副業・兼業をするにあたって知っておくべきこととしては、健康問題や労務リスクにつながる以下の問題です。

- 副業・兼業による長時間労働によって過労死やメンタル不調が生じた場合は、安全配慮義務のある企業の責任問題に発展する可能性があること。
- 業務災害の労災認定については、企業ごとに行われ労働時間の通算がされないため、副業をしている労働者の場合、長時間労働を理由とする労災認定がされにくいということ。

●副業をしている労働者が、副業が原因で健康を害したことにより労災認定がされた場合、たとえ本業と副業の双方を休業せざるを得ないとしても、副業先の低額な賃金を基にした労災保険給付しか受けられない可能性があり、労働者の保護が不十分であること。

●同一の事業主の下で所定労働時間が20時間以上であれば雇用保険は適用されますが、複数の事業所で雇用されて週所定労働時間が計20時間以上になるマルチジョブホルダー（兼業者）に対しては、雇用保険は適用されないこと。雇用保険適用については、制度設計の難しさや対象者が少ないことから、適用の必要性は直ちに高くないとして、求職者支援制度や公共職業訓練等の施策で支援することが適当であるとされていること。

このように、社会保険制度も、副業・兼業といった多様な働き方への対応を可能にすべく、従来のあり方からの変更を余儀なくされています。制度の問題もありますが、副業・兼業のように多様な働き方をする場合は、時間管理や健康管理といった自己管理を、きちんとしていかなければいけません。

今後企業は、このようなリスク回避やコンプライアンスもしっかりと踏まえて、ますます広がる多様な働き方に対応していく必要があると思われます。

変化を生き抜く「複線型」キャリア

日本の人口が減少傾向であること、「第四次産業革命」といわれる人間の仕事の一部が人工知能に置き換わる時代が見えてきていること、そうしたなかで社会で求められるスキルも変化するため、高いアンテナをもち、過去の経験に固執しない人から順に、自分で考えて行動していくと思います。

また、ここ数年は異常気象が続き、さまざまな自然災害が発生し毎年多くの人が犠牲になったり、つぶれるはずがないと思っていた大企業がつぶれたりする社会的背景もあり、組織の中で働くことよりも、自分の家族などの重要性を再認識し、今より豊かな自己実現をしたいと考える人が増加傾向にあります。

夫婦共働きが当たり前になりつつある中で、特に女性は育児に関しても仕事に関しても、私と同様、ライフステージの変化にともなって自分の裁量でコントロールしたいと考え、多様な働き方を求める人が増えているのも現実です。そしてその変化はもうすでに始まっています。副業・転職・起業をする環境やコストのハードルも下がってきており、新たな変化は引き起こしやすくなってきています。

私は、現在創業者との関わりが多いのですが、起業家は実績を積み上げていくために、緻密な計画に時間をかけるよりも、市場、情報、課題、仮説、リスクをある程度把握すれば、まず簡単に試してみるなど、早い段階で行動に移します。これだけ変化の速い現代において、計画に時間をかけすぎること自体がリスクになることがあるからです。

小さな失敗を繰り返すことで、失敗の数だけ何らかの学びを得ます。ですから、保守的でチャレンジしない人は、失敗もしないですが、同時に成長することも放棄しているということになります。

これからは働き方次第で何が自分の強みになるか分からない時代とも言えます。

今の強みやサービスが、そのままこれからも受け入れ続けられる保証はありません。個人のキャリアは、「単線型」から「複線型」になると考えられ、自律的なキャリア形成を図っていくことが最も重要だと、身をもって感じています。そのため、私自身も、環境変化に対応していくために、軸となる業務を強化し続けながらも、自分のこだわりや独創性を持ち、新しいことにも取り組みながら多様な働き方をしています。

偏見を持たずに、自分でいいと思ったら、どのようなものでも受け入れる姿勢で生きている人は、その懐の深さゆえに、自ずと物事にも幅広く精通していて経験も豊富です。そういう人たちがつき合っている友人も、また多種多様でさまざまな世界にまたがっていたりします。こういう人たちは非常に魅力的であるし、人間力も強いと思います。

要するに、自分の世界に閉じこもってしまわないことです。似た者同士や気の合う仲間同士だけの気兼ねないつき合いにとどまることは楽ですが、年齢や性別、属性がバラバラな多様性の中に身を置いてみると、自分の可能性を着実に広げていくことが出来ます。

見ている景色を変えれば、自分の景色も変わります。働き方も同じで、今までと違う環境に思い切って飛び込んでみると、新たな刺激を受けて一気に成長することも出来ます。

変わり続ける社会の中で、変化を捉えきれなければ、自分のもっている価値も上げていくことは出来ません。試行錯誤を重ねながら、どれだけ自分も変わり続けることが出来るかが重要です。それが出来るようになれば、これまで一方にしか進めなかった道が、状況に合わせていくつもの人生を歩むことが出来るようになるかも知れません。それこそ、100年人生にふさわしい生き方と言えると思います。

コラム

働き方と生き方の幸福論①

社会の中で自分はどう生きるか　～人生の意味は主観の中にある～

基本的に、相手の顔色をうかがう生き方ではなく、自分が正しいと思う人生を自分で後押しし、阻害する要素を減らしながら、周囲と協調していけばそれでよいと私は思っています。

結局、その選択による結果が降りかかるのは自分自身であることから、自分の働き方や生き方は自分の意志で決めるのがよいと思います。

その前提として、権利と義務、自由と責任は表裏一体であるという考え方は、やはり必要にはなります。

他人のことで悩んでも、どうにもならないことがほとんどです。

責任はともなうけれど、自分の人生は自分のもの、比べるのは他人ではなく過去の自分であるという健康的な成長を促す考え方をもつことが、人生の悩みを解消する方法のひとつになると思います。

人生を複雑に考える必要はなく、どう働くか、どう生きるかは、自分の幸せのために自分自身の意志で決めることです。

そうでなければ、他人に従属した結果が自分の人生になり、後で気がついたとしても、過ぎてしまった時間が戻ることはありません。

自分の人生は、自己決定に基づく考え方のほうがよいと思っています。しかし、私の主観を押し付けるつもりはなく、ひとつの指針にしてもらえればと思っています。


自分で目標を決めて、それを人生の意味だと自己決定する必要があるのは、人生には、あらかじめ決められた意味など存在しないと考えるからです。つまり、人生の中での幸せというのは、普遍的な基準があるわけではなく、自分の心の持ちようによって幸せになれるという主観的なものだと思います。

日々、自分が何を大切にして生きるかの選択で、幸せかどうかは決まっていくものだと考えます。私は、何気ない日常に最高の幸せがあると思っています。人生は長いようで短いのかもしれません。そして、今日という日が明日も同じように続くかどうかも分かりません。

自分が正しいと思う人生を選択し続けて、自分が幸せだと思う人生を生きていく、幸福論とは、理論的にはとてもシンプルだと考えます。

第5章

これからの価値創造

～現場力とあなたの未来を育むために出来ること～

長く働く時代に不可欠なのが、
時代に合わせたスキルアップ。
その必要性と、
現実的なスキルアップ設計についてお話します。

質問力を鍛え、仕事の質を向上させる

私が経営者や起業家への資金調達や人事労務管理の支援をする中で、自分なりに、相手のニーズを引き出し、成果を高めるプロセスがあります。

①事前準備→②ヒアリング→③提案→④クロージング→⑤アフターフォロー→⑥検証

これらは通常業務の流れですが、その中でも①事前準備と②ヒアリングに重点を置くことが、クライアントの満足度に直結します。

事前準備とは、良質の情報を集めるのに骨惜しみしないことです。全業務に当てはまる訳ではありませんが、準備の際は業務の20％の時間を割くようにして、実際に提案する場面を事前に頭の中で思い描いておくことで、どれくらいの結果を得られるかといったクロージングまでの想像が出来ます。日頃からの情報収集と事前準備で実力を付けておくことは大切で、それはリスク回避にもなり、質の高い仕事が発揮出来る秘訣でもあります。本番で実力以上の力が出ることはそうそうないと思っているので、予想外の良い結果が出たとしたら、それはそれだけの力が既につ

いていたということだと思います。質問力が、仕事の価値を高めていくのです。

ヒアリングとは、自分の知りたいことではなく、相手の言いたいことを聴くことです。「傾聴力」という言葉がありますが、「聴く」というのは、熱心に関心を持って耳を傾けてそれに反応している状態であり、「聞く」は、情報が耳に入ってきている状態のことなので意味が異なります。つまり、「情報」だけではなく、「思い」や「気持ち」を踏まえて聴くという深さです。

ヒアリングのスタンスを磨くためには、もうひとつ「質問力」のポイントを学ぶことにもあります。「質のいい質問が質のいい人生をつくる」と言われているように、これらが上手な人と下手な人とでは、大げさに聞こえるかも知れませんが、人生を切り開く力にも大きく影響してきます。

質問の２つの形式の使い分け

例えば、自分の知りたいことや、どこに問題があるのかを明確化してから質問出来るようになれば、ほぼ的確な答えが返ってきます。つまり、質問力＝問題解決力とも言えます。

他にも、質問力を身に付けると、コミュニケーション力も同時に高まり、自分の要求が通るようになったり、逆境に強くなったり、人を育てることも出来るようになります。

質問を通して、相手の気持ちに配慮しながらも、自分の伝えたいことを伝えることです。相手を思いやらずに伝えたいことを伝えるだけであったり、相手に配慮しすぎて伝えられないのも良くありません。

質問には異なる2つの形式があるのですが、意識しながら使い分けられているでしょうか。ひとつは、回答内容を限定する「クローズド質問」と、もう一つは、選択肢を絞り込まず自由に話してもらい感情を引き出しやすくする質問の「オープン質問」です。

相手の話を広げたいときや、相手に自分で方向性を見つけてもらいたいときは、「オープン質問」を用います。

一方、相手の意向を端的に確認したいときや、相手に一定の方向に考えてもらいたい時には、「クローズド質問」を用います。「クローズド質問」の場合、次の会話の糸口がつかみやすいように、最初は確実に「はい」と返答がくる質問にすると、会話の流れをスムーズに進めていくことが出来ます。

普段は、この2つの形式を区別せずに無意識に使っていると思いますが、特に大事な局面ではどちらを使うかを意識すれば、コミュニケーションの流れをコントロールしやすくなります。

私自身、この形式を理解してからは意識的に使おうとしています。

先にある程度まで自分の提案を出すか、相手の意向をすべて聞いてから提案をするかで、効率だけではなく、心を開いてもらえるかにも違いがでてきます。そのため、相手との距離を縮めることが出来なかったときは、あとで自分の質問の仕方を反省して今後の改善につなげます。

質問をして相手がよい返答をくれないとき、それを相手が原因だと思うかもしれませんが、よい質問が出来ていないことが原因で、相手が心を開いて話をしてくれない場合もあります。いったん相手が心を開いてくれると、案外次々と話を聞かせてもらえるものです。初対面で難しそうな印象を受けた人でも、相手に興味を持ち質問していくことで、相手の内面がプラス評価に変わることを、何度も経験しています。


質問に答えてもらいながら、ゴール地点を設定して、そこに向けてどう話を広げていくのかを連想しながら、「そうですね」＋「ひとこと意見を返す」ことを繰り返していきます。


ここまでは、他者への質問の話ですが、もうひとつ、自分に対する質問も同じように考えることが出来ます。

例えば、「どんな仕事が自分には向いているのか」と感じたとすれば、それは自分に質問していることになります。日頃は、あまり意識していないと思いますが、自分に対する質問の量と質は、人生の方向性を決めているものです。

自分を振り返り、改善し、導いていく自問自答があるかないかは、そこから向上するか停滞するかにもつながります。自問自答が少なく、みんなと同じ行動をなんとなく続けていると、その他大勢の中に埋もれてしまい、何事に対しても、どんどん自分ひとりでは考えることが出来なくなってしまいます。一度立ち止まってみるという意味でも、自分が疑問に感じている働き方や生き方について、じっくり考えて自分に答えてあげましょう。

新しい価値は会社環境の「外」で見つかる

日本は、ひと昔前のように長い時間一生懸命働いて、安いものを多量に作れば発展して行ける時代ではなくなりました。私たちが、働けば働くほど発展すると思ってきたことは、ずいぶん前に崩れてしまっています。

さらには、日本の人口は右肩上がりで増えていたのが、これから右肩下がりに減ることになるため、かつてのような経済成長は望めなくなります。さらに、グローバル化とＩＴ革命により、環境変化のスピードは加速しています。

そのため、決められたことをひたすら頑張る働き方から、新しい課題を発見すること、潜在的ニーズを引き出して質の高い付加価値を生み出すことにシフトしていく時代です。目の前の仕事に追われていた時間を、残業時間の削減や休みを増やすことによって、新しい価値創造に向けて使っていかなければいけません。

私は、育児期間を取って休んでいる間に、これからの働き方を考える環境の中にいました。そして今、その時の自分の経験を仕事に生かして、同じような環境にいる人のインサイト（マーケティング用語。顧客や消費者を動かす隠れた心理のことで、消費者自身も気付いていない無意識の状態のこと）を探りながら、自分と同じ新たな創業者を支援しています。

このように、休みの時間を活用すれば、インサイトを発見したり、新たな需要を作り出すアイデアを生み出すことが出来ます。需要をみつけてから対応するのではなく、インサイトを発見して需要を作る仕組みがあります。

そこには、正解のない問題に対応する力であったり、問題そのものを見つける課題発見や、その課題を解決する力が必要です。

マーケティングの概念に、「マーケットイン」と「プロダクトアウト」という言葉があります。「マーケットイン」とは、買い手の立場に立って必要とするものを提供していこうとすること、「プロダクトアウト」とは、提供側がよいと思ったものを、こだわりをもって提供していくことを指しています。

「プロダクトアウト」が見直されている背景には、モノが溢れている時代には、顧客がほしいと言うものと、実際にほしがっているものとは違う場合があり、必ずしも自分が欲しいものを明確に気づいている訳ではないとされているからです。

それは、形ある商品やサービスとして提示されて、初めてそれがほしいか否かの判断をしたり、本当の希望がかなえられるものでもあるという見方、つまりインサイトを発見して需要を作ることです。これからは、「マーケットイン」と「プロダクトアウト」をバランスよく取り入れることです。

そのためには、過去の方法に固執せずに、最前線にいる人が顧客のインサイトを出来るだけ早く発見して実現させていける体制を作っておかなければいけません。

現代は、ものが売れない時代といわれていますが、顧客インサイトを発見するためには、多様かつオープンであることがひとつの方法となります。顧客に出来るだけ近いところで多様な発想をもてば、顧客インサイトにたどりつきやすくなります。それは、作り手の視点からの脱却という意味でも重要です。自分たちだけで考えていては、既成概念や思い入れが強すぎて、なかなか顧客の視点に立つことが出来ません。

上司の評価や部門の利益追求にそれぞれが目を向けた縦割りでは、全体の経営における最適な再配分が出来にくくなります。上司にとってはよいと思われる内容であっても、それが必ずしも顧客にとってよいものとは限りません。

例えば、部門とチームが交差する組織設計にすることで、部門の壁が徐々になくなり、一丸となって顧客に喜ばれる価値あるサービスが創造しやすくなります。

一日中、職場で与えられた仕事をこなしているだけが仕事ではありません。有給を利用して普段は知り得ない環境に自分を置いてみること、例えば育児休業や介護休業などでも、その環境にあればこその課題やニーズに気づくことが出来ます。

今日、多くの企業の経営課題のひとつであるイノベーションは、社会が抱えている課題の解決によって生まれます。単に顧客からアイデアを募ったり、机の上だけでアイデアを練り上げていくだけでは、オープンイノベーションとは言えません。

職場だけではなく、空間での知識の広がりをもち、今ある常識に問いを持たなければいけません。イノベーターと認められている人々のほとんどは、イノベーションを起こそうと思って仕事をするのではなく、普段から様々な環境に自分を置き、具体的な解決したい課題をみつけてから仕事をしています。

休日には、自分の趣味に没頭する時間を持つことは大切で、それが人生を豊かにしたり、仕事にもプラスになります。

個人の創造性が高まったからといって、すぐにイノベーションが起きるわけではありませんが、必要条件のひとつではあります。

これからの時代、個人の力は大きく影響します。個人が上司やリーダーの指示をもらって動くのではなく、休暇を活用して違う環境に自分をおき、社会の課題を汲み取ったり、消費者の潜在的欲求を見つけてきて、それを仕事に生かすような瞬発力が大切になります。

「ワーク」と「ライフ」を統合させる

自分が好きなことを仕事に出来れば、楽しいだけでなく生きがいにもつながります。そして、今はそれがやりやすい時代になっています。事業所がなくても広告費をかけなくても、インターネットを使えば世界中の人に向けて簡単に発信が出来ます。

実際に、単に自分が得意であったり、好きだったりすることを発信することで、だれかが求める価値を生み出し続けている人が増えています。

人と違う鋭い感覚や能力を持つ人は、その希少性に共感してくれる人がいれば、支持されていきます。他の人には出来ないことを継続してやり続けることで、その活動範囲が次第に広がっていき、さらにバージョンアップしていけば、その価値も自己肯定感も上昇していきます。

好きなことから始めるスタイルは、最初から大きな価値を生み出すものではなく、きっかけはほんの小さなやり取りだったりします。しかし、それを夢中になってやり続けていると、多くの人が求める価値を提供出来るようになってくるかもしれません。前節でお伝えしたように、消費者のインサイトを見つけて、新たな需要を作り出すことに近いかも知れません。

最近は、何が求められるか、流行るかといったことは、本当に分からない時代だと思います。私は、ワークライフバランスを尊重して仕事の時間を削ることが、必ずしも好ましいとは思っていません。

仕事と私生活を分けて考えるワークライフバランスというよりも、これからは好きから始まる生きがいをお金にかえていくようなワークとライフをインテグレーション（統合）させる時代ともいえるのではないでしょうか。つまり、両方を最大限に楽しむという柔軟なマインドを持つ姿勢が、まさに新しい時代の働き方かもしれません。

自分が本当に好きなことや得意なことであれば、それぞれの要素に線引きがなく、ワークとライフの双方で、集中力ややりがいがアップするという相乗効果が期待出来ます。本人にとっては、お金を得るためだけに働いているのではなく、やりたいことで満足が出来、生きがいになる働き方につながり、それはディーセントワーク（働きがいのある人間らしい仕事）の実現ともいえると思います。

好きなことを仕事にするということは、このようにオンとオフもなくなります。オンの時間をオフの発想で出来るほうが、自分の普段の感覚を仕事に生かすことが出来ます。それは、エネルギーにもなり、自分を最大限に生かせる働き方であり生き方だと思います。

私自身も、いい意味でオンとオフを統合しています。どのような仕事であっても、人の共感を得るようなアイデアや価値の創造は求められています。働いていない休みの時間に、アンテナを張ってつい仕事のヒントを探しているような人は、楽しく仕事が出来て、なおかつその人のキャリアにもつながっているはずです。

自分が何に打ち込めるかを考える

ＡＩやＲＰＡによって、あらゆる作業が効率化されていく中で、人が得意なことや好きなことに打ち込む姿や熱意は、周囲の人々を元気にさせることが出来る、人にしか出来ないものでもあります。

好きなことと得意なことは、どちらが先であっても、やり続けていると「好きで得意なこと」になります。好きなことは、楽しくてどんどん続けていられるので、そのうちそれが得意なことに進化していきます。得意なことは、他の人よりも素早くこなせるので、もっと深くまでこだわるようになり、それが好きなことへとつながっていきます。

好きで得意な仕事は、自信につながり、大きな結果を引き寄せます。

その好きで得意なことが、社会や人から必要とされるものでもあれば、自分の生きがいにつながります。

自分の得意なことや好きなことが見つからなければ、今やっていることから少し距離を置き、積極的に空白をつくるといいかも知れません。新たな何かを選択しようと思えば、心の余裕が必要になります。心に余裕があるときに、その人が意思決定するものをみれば、その人の価値基準が見えてきます。

将来に不安があり、何かをしなければならないと分かってはいるけれど、日々の生活に追われて何をすべきか分からず、時間だけが過ぎていく生活だと感じているとすれば、心の余裕があるときに、客観的に俯瞰して自分を見つめ直すことで見つかることもあります。例えば、本を読んだり、映画を観たり、外に出て人と会話をするうちに、何か新しい選択肢が見えてくることもあります。

何に打ち込んでいきたいのかなかなか見出せない時は、私の経験をひとつの参考にしてみてください。

私は、仕事として考えるのであれば、まずは好きなことより得意なことを選びました。事業計画に落とし込んだ時に、好きなことは収益化も実現可能性も予想しにくかったためです。得意なことは、スタート時点から自身の強みとしてすでに一歩踏み出しているので、その部分をさらに一歩ずつ進むほうが、目標までの到達が見えやすくなり、計画通りいきやすくなります。強いところを伸ばす方が、弱い部分も自分自身で強くしていく姿勢が身に付いていくように思います。

何を好きになるかということも、結局は偶然によって決まっていくものかもしれません。そのため、出来ることをつくってから好きなことをしていきました。自分の得意なことを持てば、「個」としての自立にも直結します。

人生好転の定義は、自分と向き合う中で、ひとつの目標が定まれば、それに向けて1日30分でも、継続して行動し学び続けること。そして、目標を少しずつ高くしていくこと。さらに大切なことは、自分に挑戦することを習慣に変えることです。行動することが日々の習慣になれば、考えなくても次の行動が自然と出来るようになってきます。

目標に向けて、今出来る新たなことを習慣にして、好きなことや得意なことを仕事にする働き方が、結局は生きがいや働きがいにつながっていくのだと思います。

好きなことだからこそ価値が生まれる

人間は潜在意識の下で、自分はこんな人間だというセルフイメージを持っています。セルフイメージが低いと自分自身の能力を過小評価してしまうので、新しいことや失敗に対して臆病になってしまいます。どうせ自分には無理だというマイナス思考になりやすいためです。

長い人間の歴史の中で、たくさんの人たちがわずかな成功率であっても、可能性にかけて挑戦してきました。その中でほんの一握りの人がうまくことを成し遂げて、この世界を変えてきました。それが私たちの人間の歴史です。

今もこの世界では、さまざまな新しい企てが失敗しています。ということは、たとえ自分が新しいことにチャレンジして失敗しても、多数派になるだけだと思えばよいのです。

もちろん失敗しないように最大限の努力はしますが、それよりも、自分にとって本心から納得いくものに挑戦出来ることが、いちばん素晴らしい人生だと私は思います。

弊所の法人クライアントに、通所介護事業を創業された株式会社ＭＫ　代表取締役　小西真知子社長がいらっしゃいます。社長は、今までその道で長年働いてこられた経験を生かして独立されました。その時点では、実務経験が豊富でも、経営経験はありません。

最初の１～２年は、懸命に時間を費やしてもなかなか軌道に乗りませんでした。それでも、社長自身は好きなことをしているので、いつ訪問しても生き生きとされていました。

社長は、人件費を支払ったり、最低限の生活ができる収入があればそれでいい。利用者に自分の思い描く心のこもったサービスができることが何よりも楽しい。この仕事が自分のいちばんの趣味でもあると言われていました。まさに、「ワーク」と「ライフ」の統合です。社長は、これまでにも仕事以外にろう者への活動に目を向けたり、無償のボランティア活動も積極的にされてきています。私はそういう生き方を本当に素晴らしいと思っています。

４年目となるその会社は、利用者も増加しており、従業員の離職率も非常に低いです。私自身、このような経営者と出会い、関わっていけることは幸せであり、心が豊かになります。

やりたくないことをやっている人は、やりたくてやっている人には勝てないと思っています。自主的にやりたいことをして、人の役にも立つ人生は、最高に価値あるものです。

人とのつながりで高まる価値

人がひとりで出来ることには限界があります。より価値のあるものを提供しようと思えば、やはりチームワークは大切です。仕事を効率化するためには、特に内部のステークホルダー（利害関係者）である従業員などと信頼関係を築いていくことです。

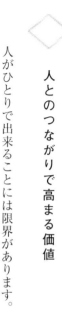

普段は従業員とのチームワークを大切にしていますが、自分のすべき仕事を全力で出来るようにするためには、すべての仕事にエネルギーを使ってしまっては動きが取れなくなってしまいます。そのため、最優先を考慮しながら、いたってシンプルにしたり、人に任せたりするという戦略をとっています。そうすることで、成り行きで仕事をするよりも、早くて質の高い仕事が出来ます。戦略的な計画立案は、仕事量を半分に減らすことさえ出来ます。

例えば、私は、依頼内容に合わせて、専門家と仕事を一緒にしたり、知り合いを紹介したり、情報を教え合ったりしています。結果として、お互い顧客への支援を支え合える仲になり、仕事もうまく進むようになります。その際、誰と相談して進めるかが重要となります。これは私の判断のひとつですが、人は自分の立場が上になったとき、弱い立場の人には敬意を示さないという本性が出がちです。立場が上のときにその人の本性が垣間見れるので、私は気軽に相談しやすい頼れる人とつながろうとします。多くの人は同じような考えをもっていると思うので、相手を立場で判断する人は、結局は自分が敬意を払ってもらえない人になっていくと思っています。

また、常に礼儀をもって仕事をし、行動がともなうことで、相手にも大切にされるようになります。人は相手に本当の感謝の心が生まれると、いずれ必ず返したいと思う気持になり、自分を大切にしてくれる人を大切にするようになるからです。つまり、自分を大切にすることを突き詰めると、利他主義にたどり着くことになります。

私は、全ての仕事において効率を求めて働いているわけではありません。年金相談業務を経験したこともそうですが、昨年には、資格試験の監督よりも何倍も大変な試験事務の手伝いに自ら立候補し、真夏の暑い時期に集まって地道な準備を重ね、試験前、当日、翌日にはすべてに参加しました。日陰と言われる仕事を経験すると人間として強くなり、他人の苦労がよくわかるようになります。試験監督も大変ですが、それ以上に縁の下の力があったことは、経験するまで全く知りませんでした。試験が無事終わり、改めて試験事務を担当した全員が集まり食事会を行いましたが、受験生と試験監督のためにという同じ考えを持つ素敵な方たちとご一緒出来た機会は、自分にとっての価値のひとつです。

これまでの経験から分かってきたことは、人生のなかでの人間関係は、自分に大きな影響を与えるということです。起業して以来、単なるセールスや、簡単に得をする話をしてくる人は例外として、初対面の人に対しては性善説で信用から入ることにしています。そこから、言うこととやることが違っていたり、うそをついていることが分かれば、付き合うのをやめます。そのほうが、実際に付き合いが続くいい人に出会えるからです。

仕事をしていれば、そこに関わる人脈が出来ます。その人脈から、さらに自分が成長する機会をもらうことがあります。

起業や転職だけではなく、副業や兼業においても、働き方を変えると人間関係の広がりは大きいと思います。優れた仲間と関わると、自分の能力や努力の程度も、自分でも気づかないうちに自然に向上していきます。

そして、行動力のある人と出会えば、さらに自分も行動するようになります。このように、付き合う人が変わると、考え方や入ってくる情報も変わるので、良い人脈は自分が提供出来る価値をどんどん高くしてくれます。

出会いの背景には、やりたいことがあるからこそつながる、様々な偶然の積み重ねがあります。人脈はつくるものではなく、自己成長をしながら出来るものです。人のつながりは見えないだけに深いもので、良い人との出会いは、間違いなく自分を良い方向に導いてくれるとても価値あるものです。

未来に向けて自分自身を創造する

行動することが常に幸せをもたらすとは限りませんが、行動なくしては自分からつかみとれる幸せもありません。行動するためには、目標を定め、そこへ導く具体的な道順を考えます。それには、現実的に計画する必要があります。大きな目標であれば、大きく行動を変えなければいけませんし、その分だけリスクを覚悟する必要はありますが、夢中になれることに取り組んだ時間は、後で振り返っても、お金では買えない価値ある体験をしたことになります。

普通とは異なるキャリアを持つ人は、色々行動してきた結果として、魅力的な自分の物語をもっている人が多いと思います。変化のない働き方は、惰性に陥ってしまったり、働き方を振り返らなくなってしまう傾向があるため、成長が止まってしまう可能性があります。いくつかの壁を乗り越えながら、少しずつ良い方向に変化していき、最後には自分にとってプラスになっていることが成長です。これまでと違う考え方をする勇気を持ち、自分の気持ちを切り替えられれば、前進しやすくなります。仕事は、自分に挑戦し続ける場所だと考えます。挑戦してそれを乗り越えていくほど、自分を誇らしく思えます。

人は人生を順調に歩んでいる人を見ると、苦労知らずでうらやましいと評価しがちです。しかし、その人は大なり小なりこれまでに苦労を経験してきていたり、見えないところではものすごい努力をしていたりします。そして、一時期の成功でとどまらずに、常に前向きに行動しながら生きていることが、未来に向けた自分の人生につながっているのだと思います。

特にスタートアップ（※）の領域では、外から見れば天才たちの集まりに見えても、いくつもの課題を克服し、奮闘してきている人たちの集まりです。自分より3倍すごいと思うような人々は、自分より3倍行動していると考えるといいかもしれません。

ビジネスの場合は、かけた時間の長さと成果が必ずしも比例はしませんが、今より何倍も行動に移すことによって、その領域に近づく可能性を秘めていることには違いありません。そう考えれば、みんな同じようにチャンスが与えられているということになります。その時間というのは、集中した時間の長さであり、単純に時間を指すものではありませんが、良い習慣は、才能を超えるものだと思っています。

（※）新しいビジネスモデルを開発し、急激な成長とエグジット（創業者やエンジェル投資家、ベンチャーキャピタル（VC）などの出資者が利益を得ること）をごく短期間で狙う人々の集合体

ヒト・モノ・カネなどのリソースが足りないなかで、いかに知恵を絞って結果を出すかを試行

錯誤しながら順調期に至るまでのプロセスは、最上の未来を生きるための行動だと思います。誰もが平等にもっている時間は、使い方によって突き抜けられる無限の可能性を秘めています。リソースに恵まれた環境になくても、時間を無駄にせずに知恵を出していけば価値を創造していけます。私のクライアントにも、最初は融資を受けて個人事業で創業し、数年で法人化し、さらに数年で売り上げが億単位となっている人はたくさんいます。

自分の強みをつくったり、自分を成長させたりするときにいちばん簡単なのは、何かを始める場所をつくることです。従来と違う環境に思い切って飛び込めば、新たな刺激を受けて成長することが出来ます。人は、未知の環境に直面したときにこそ、多くのことを学べます。

そして、一度に色々なことをしようとせずに、徐々に積み重ねていくことが成長だと思います。積み重ねることで物事の関連性が見え始めてくるので、その後は少ない労力でも相乗効果が期待出来るようにもなってきます。たとえ先が見えなくても、迷っている間に時間が経ってしまえば、その人生は後戻りが出来ません。未来に向かって希望を持って進んで行くことで、見えてくるものがあります。やはり一度経験し、自分で新しい光景をつくり出すことが大切です。

私は起業する時に、3年である程度の結果を出すと家族に意志表明していました。1年目はある意味孤独との向き合い、2年目は視点を変えて、国・県・市政へ積極的に参画し信頼を貯める、

3年目は利益を後にして先にどんどん価値を提供する。簡単に振り返ればそういうプロセスを得てきました。

起業という自由の代償としては、必然的に自己責任を生み出します。しかし、孤独であっても、不安ではありませんでした。やりたいことがあるから、思いきって壁にぶつかることも出来たのだと思います。新たな環境を受け入れて、それでもなお、進み続けられるかどうかです。また、自分の思考を上手くコントロールするために、口に出す言葉には注意を払っていた気がします。それは、自動的に行動や感情にも現れるからです。

私が、自分の中で描いていた結果を出すとは、規模を大きくしていくものではなく、きっちりと3年で、自分が立てた目標に達成することです。これをやろうという想いを、表に出すことは自分なりの決断です。それは、自分が描く未来につながっていきます。

人生の中で、未来に向けて自分を創造していける機会は、誰にでもあります。自分の成長のためには、自分自身で物事を考え、感じとりながら自分を肯定することです。

現状に満足している訳ではないけど、失敗を恐れて行動出来ないと思っているうちに、人生はいつか終わってしまいます。しかし、多くの人は今日と同じように明日がくると思っているので、毎日を漠然と生きてしまいます。

歳をとって自分の人生を振り返った時に、いろいろ失敗を経験したけど、自分がやりたいと思ったことが相当出来たから、人生に悔いはないと思えるほうが、自分の人生に納得出来ると思います。

そのためには、働き方を自分本位の者にシフトするための選択力を鍛えて、未来に向けて自分らしく生きることです。

第6章

起業という選択肢

～5年続く起業のコツ～

起業のハードルは、
それほど高くはありません。
新しい風を感じてみませんか？

最初の壁を越える

働き方改革、ＡＩ、多様な人材活用などの情報を耳にすると、何か不安を抱くかもしれません。将来に対する漠然とした不安から、自分の適職を探しなおそうと思ったことがある人は少なからずいると思います。

せっかく本やセミナーを通して働き方を見直そうとしても、自分のキャリアには当てはまらない、規模が大きすぎて参考にならないなどの出来ない理由を先行させてしまい、そこで止まってしまえば、自主的な行動はそれで終わってしまいます。

自分のロールモデルは何人かの人を組み合わせて構築すればよいもので、同じ属性に固執する必要もありません。人それぞれ違って当たり前なので、前進しにくい人にとっては、最初から大きく考えてがんばろうとしすぎなくても、私と同じように小さな自信を積み重ねていくことから始めてみると、案外すんなりスタート出来るものです。自信は行動が連れてきます。

行動のきっかけは実は何でもよいのですが、何かをやろうと思考し、それを行動し、努力し続けることがシンプルに大切だと思っています。私自身、今もなおその状態にいますが、起業を指向してから、とにかく成果が出てくるまで努力し、得るものがありました。私には、特別な能力はありません。何かあるとすれば、それは粘り強さかもしれません。

私は、自分が悩んだ経験を踏まえて、今は同じ立場で悩む起業しようとする方々や、経営者の方々へ、自ら実践し学んで来たことをお伝えすることで、困りごとの解決に関わっています。

例えば、これまでの経験から何らかの特化した強みを持っていても、本人にとっては当たり前のことで、その強みや魅力に気づいていないことがあります。それらの強みを言葉にしたり見える化することで、持っているものを引き出すという支援を行い、それを最大限生かした事業計画を立てていくことなどがあります。

これまでに関わってきた方々を見ると、まさに、自ら行動や努力をせずに成果を上げている人などいないということが、明らかに分かります。起業して成果を出したい、いい人脈をつくりたい、いい人を採用したいなどと思えば、自ら努力し続けなければ手に入らないものです。

もちろん、毎日それぞれのかたちで、みんなが努力していると思います。

私自身が気付いたことは、成果が出るまで続けられるかどうかで、どんどん成果を上げ続ける人と、そうでない人との結果に差が生まれてきます。

努力し続ければ、必ず成果が出るということではありません。努力し続けなければ、成果は出てこないということです。

特に起業してすぐは、出来ないことが多かったり、成果が出るまで続けた経験がなかったりするために、自分が成果を上げたイメージが出来ずに、自分に出来るということ自体に疑いを持ち始めてしまいます。

その一方で、努力をし続けて何か成果を上げた経験のある人は、疑うことなくさらに努力をし続けられるのです。まさにこれらは、私が経験した壁を超える前と後の話です。

継続すれば出来ると信じて努力すれば、成果を上げている人が出来ているある程度のことまでは、自分にも必ず出来てきます。一歩一歩進み続けることで、気が付いたらずいぶん遠くまで来ているものです。

努力を努力だと思っていない人もいるので、何を努力と考えるのかも価値観の問題ですが、起業して成果をあげるまで努力し続けられるかが、ひとつの壁だと思っています。

働き方も生き方も、より個人の多様性や意思が尊重される自由な時代となってきており、自分らしさや人生の目標とするところも異なります。

起業のように、自分に新しい風を吹かせるには、たとえ小さくても行動し続けることです。自分が取り組もうとすることに疑いを持つことなく、出来ると信じて自分に自信を持ち、努力し続ける力です。そこの軸がぶれたまま、無理に自分の思考をコントロールしようとしても、それは持続しません。日々の生活の中で、自己肯定感を高め、物事を前向きに解釈することで、前向きに行動することが出来ます。

思っているほどハードルは高くない

働き方改革によって、場所や時間にとらわれないフリーランスのような働き方は増えてくると予想されますが、起業を目指す方を対象にした「創業の基礎知識」や「公的制度の活用策」などが、経済産業省や中小企業庁から発信されていますので、まずは参考にするとよいと思います。

起業する人は、最初から特別な能力があるわけではありません。

経営の才能などまったくなかった私でも、うまくいかない経験をしながら、成果が出てくるまで改善し考え続けたことで、未知の世界であった経営や事業戦略が見えてくるようになりました。私だけではなく、基本的に、起業すればどのような人であっても一度は通る道だと思っています。

起業して、特定の会社に属することなく生きて行ける力がつくということは、本当の意味での安定だと思います。それは、自分が希望する年まで働き続けて収入を得ることが可能となることをも意味します。人間は、漠然と物事を自分の都合の良いほうに期待してしまいがちですが、良い結果を生むことを期待するのであれば、自分が行動することが近道です。

起業してすぐは、多くのことに不慣れ感があるのですが、それは違和感となりあまり心地よくないものです。しかし、違和感があるということは、新たなことに取り組んでいる証、つまりそれだけチャレンジしている証拠です。その時にこそ、もっとも多くのことを学べます。

経営の道を知り、極めて行くためには、不慣れな内容であっても積極的に仕事を受任し、必死でがんばれば、知識も経験もどんどん増えていきます。そのような経験をしたほうが、より仕事の幅を広げていくことも出来ます。

たとえ高度な能力や技術があっても、仕事を受任しなければ、相手にも伝わらずに宝の持ち腐れになってしまいます。価値の高いものも、それだけでは意味をなさず、仕事を受任し、その価値をカタチで届けられたときに、はじめて意味をなすものです。

最初の違和感は、ネガティブなものではなく、変化の前兆ととらえるといいと思います。

働き方を考えるうえでは、理想の勤め先を探すこと以上に、自律することが大切です。自律とは、自分の立てた規範に従って、自分の力で環境を変えていこうとすることです。

私も会社員時代は、無意識にフィルターをかけて行動に移せませんでしたが、起業しなければ、自分の中から新しい何かは生まれなかったと実感しています。

私は、リスクを可能な限りとらない形、いわゆるパソコン1台から始め、初期費用も維持費もほとんどかからない状態で事業を始めました。そして、自分一人で安定的な売上を確保することに専念しました。特に人を雇い入れなくても、他士業の先生と協力して仕事をすることもあれば、依頼してしまうこともあるので、業務や仕事量にあわせて協力者をつくることが出来ます。

売上が少なく不安定な時期は、事業を軌道に乗せることが大切であり、確実に上手くいくことだけを考えていたので、大きく起業する訳ではなく、いたって地道な毎日でした。

おそらく、どのような経営者も、いきなりは大きく事業を展開していません。

起業といえば、リスクが高いものと想像するかも知れませんが、私と同様に小さなトライ&エラーから始めれば、企業規模に関係なく集計された統計の数字ほどには、リスクは高くありません。そういう意味でも、テストマーケティングを行い、検証と改善を繰り返すことです。

このように、まずはローリスク・ローリターンから始めていきます。何がうまくいくか分からない新規事業を立ち上げる際には、自分の中で抱え込んで進みが遅くなるより、早い段階でリリースして、失敗しても改善を重ねていくことにこそ、価値があります。規模相応のリスクからは逃れられませんが、ある程度の知識をもってすれば、想像している以上に乗り越えられることは多いものです。

会社を辞めて起業するのは勇気のいることかも知れませんが、私が出会う経営者の多くは、長年勤めてきた会社を辞めて起業しています。

それは、若いころから起業を目指していた訳ではなく、ほとんどの人が、まず企業に就職して、会社員の間に生きるための知恵を身に付けてから、事業を起こしていった普通の人たちです。私も同じですが、実に堅実だと思います。起業は、特殊なものでも遠い世界でもありません。

そして、無謀な挑戦に見えることでも、裏では経営者として致命傷を負わないラインを見えたうえで、思い切って挑戦をしています。重要なのは、そこの判断です。

このように考えると、皆さんも案外出来るものだと思えてきませんか。

起業とは新たな価値を生み出すこと

ほとんどの人は、誰かに何かを用意してもらって、そこで全力を尽くすことに慣れてきていると思いますが、起業は違います。基本的には誰も用意してくれないなかで、自分でやっていきます。リスクの可能性ばかりに過剰反応してしまうと、新たな価値を生み出していくことは出来ません。価値を生み出すには、相応のリスクを取って前に踏み出していかなければいけないからです。

その分人生の中で、多くの経験が出来ます。だから成長するとも言えます。

起業とは新たな価値を生み出すプロセスです。新しいビジネスを考えて実行することで、そこには新たな価値が生まれます。

例えば、あなたが起業し、誰かがそのサービスを受けてあなたに1万円を支払ったとします。その1万円の価値は、何もないところから生まれた価値、つまり、あなたが起業してそのサービスを提供しない限り生まれてこなかったものです。

価値を生み出すプロセスとはこのようなことです。

さらに、新たな価値は、どんどん広がる可能性を秘めています。私が新規法人設立業務を受任したとします。その新規法人A社が、不動産屋に事業所の家賃を支払ったとします。その家賃が不動産屋の従業員の給与の一部になり、その従業員がA社の商品を購入したら…？　このように、価値の連鎖が生まれてくるのです。

つまり、あなたの商品やサービスで新たな価値を生むことが出来ます。その価値というのは、報酬がもらえること、顧客から感謝されること、世の中に役立つ素敵な仕事が出来ることなどの全てのことを言います。

起業したことによって生み出されるつながりも、私には大きな価値です。

これまで定期的に業務の依頼を受けており、よく事務所に来てくれていたある会社の男性社員さんがいたのですが、ご自身の働き方改革として、その会社を退職されることになったのです。今後お会いする機会がないかと思うと、どこか寂しい気持ちもありましたが、先日、久しぶりにご連絡があり、再就職先が、また弊所のクライアント先だったという嬉しい偶然がありました。そして、今も以前と同じように事務所にお越しいただいています。

この話に近いような出来事は結構あるのですが、地域密着で人や社会に貢献していきたいという思いがある私にとって、このようなつながりは、地域に少しずつ根付いてきた感じがして嬉しい瞬間です。


私が出会う起業家たちは、起業に人生をかけるとか、覚悟する思いでスタートするというよりも、今の自分から〝一歩踏み出す〟感じで考えています。「事業＝自分の人生」と考えてしまうと、他にもある大切なものを見失ってしまうことがあります。事業は自分の一部として考えることです。常識にとらわれない自分らしい働き方や生き方をしたい人は、起業を選択肢のなかにいれてみるのもよいと思います。

起業は、会社員のように報酬が決まっていません。人は、報酬が必ず与えられるとわかっているときよりも、不確実に与えられるときの方が、行動を強化します。

例えば、今も子どもたちの間でガチャというものが流行っており、それは鋭い洞察力をもつ開発者によって、レアなアイテムが変動しながら出る仕組みになっているからハマるものなのですが、大きく言えばそれと似ています。私にとって、起業が面白いと思える理由のひとつは、良い意味で予測不可能なものでもあるからです。

自分らしさを実感出来るのは、良い人間関係のなかであったり、心地よい空間にいる時であったりもしますが、私は、新たな価値を生み出そうとする時にも、自分らしさを感じることが出来ます。起業は、新たな社会的価値と同時に、自分らしさを生み出す要因ともなるものです。

また、自分らしさを伝えるためには、見かけや持ち物も大切です。起業してすぐは自作の名刺で、湿気が多い日は曲がりそうなものでしたが、今はデザイナーにロゴを依頼し、そのロゴを載せたバーコ印刷（文字を盛り上がらせる加工）の名刺を使っています。それは、ビジネスにおいても、一番と二番を分けるのは、ほんのわずかな違いから生じると思うようになったからです。

次からは、私自身の起業経験と、業務として起業支援をするなかで得た、事業継続のポイントをお伝えします。

事業を拡大・継続させる発想

まずは、事業を拡大・維持させる発想についてです。

起業後、仕事は徐々に増えていきましたが、継続業務が少ない状況では、事業計画書の数字にいたるまでのものではありません。

創業者支援の許認可業務や個人向けの相続業務は、完成した時点で終わります。そのため、副業レベルから本業レベルに上げるための戦略としては、単純に数の増加、さらには安定した収入をあげ続けていくことが必要となります。

起業後に、私が実行した中で効果的だったものは以下です。

●同業者の集いは必ずしも必要ない

起業をすると、朝会活動やセミナーの参加の誘いが多くなります。実際、私の知人も何人かが参加しています。しかし、これらはすべて、時間と費用がかかります。また、個人的に合う人と合わない人とでも、分かれるのではないでしょうか。

第1章でも触れましたが、私の場合で言うと、このような場は、起業したての時に参加すると、どうしても流されてしまうので、ある程度軌道に乗ってきたときに、お互いに高め合う場として活用するのが理想だと思っています。自分の時間を最優先するというのは、人に流されずに主体的に生きるということにもつながります。

私は、「何のために会社を辞めて起業したのか」を常に自分に問いかけて、行動していました。

そのため、私が選択したのは、他人に頼ってしまうのではなく、単純に自分の意志を大事にして自発的に行動すること。具体的には、まず本業につながる、国・県・市政の参画実績をもつことを選択して進みました。

それらは、地道な活動ですが、経験、実績、信頼、人脈、社会貢献、報酬というような、多くのものが行動と同時に得られます。例えば、起業後すぐの私にとっては、少額の黒字でも、大きな収入です。また、公的機関との関わりは、自分が歩んできた経歴のひとつとして存在し続け、今でも顧客からの信頼のひとつとなっています。これは、私が起業時に行ったものです。

●補助金制度を事務所HPの詳しい分析に活用

そして、起業して5年目に、マーケティングの発想を取り入れています。それは、顧客の行動を集積・分析し、マーケティング戦略によって、潜在需要の発掘や効率的に需要の捕捉　を行おうとするものです。

例えば、弊所は中小企業庁の29年度補正予算の「小規模事業者持続化補助金事業」に採択されたのですが、その補助事業として取り組んだ「アナリティクス（※）の活用」があります。

弊所は、ＨＰから販路拡大につなげるための分析ツールとして、アナリティクスの設置を行っています。それを使うことで、サマリー、トラフィック、アクティブユーザーなど、多くの情報の見える化が可能となるため、補助金を活用して初めておこなったリスティング広告での販路拡大状況を、ＩＴデータにて詳細に分析しながら、新規顧客の開拓や長期にわたる効果的な運用につなげています。（※データを分析して特定のパターンや相関関係を抽出すること）

また、コンバージョン（獲得数）を見ながら、次の運用方法も検討しています。アナリティクスの分析結果をもとに、短期的な効果のみではなく、中・長期的に継続した効果をあげることが出来るようにします。例えば、出来るだけ多くの顧客を実際の顧客にかえることだけではなく、将来の見込み客として捉えていくという意味があります。この見込客を増やす方法がマーケティング力でもあります。

このように、年々出来ることを増やしていくために、アイデアを試みていきます。そうすれば、そのアイデアがまた次のアイデアを引き寄せます。

●新規事業の前に、付加価値で現顧客と継続受注を目指す

もうひとつは、継続性のある事業を強化させていくこと。

新たな顧客へのサービスを増やしていくのではなくて、まずは今のクライアントからの依頼をどう伸ばしていくか、つまり顧問契約あるいは継続的サービスとなる事業に精を出しました。

そこで、専門分野の掛け合わせ、つまりダブルライセンスで起業や経営支援を行う発想を取り入れました。

起業支援を行う専門家は数えきれないほどいます。その中で、ダブルライセンスを持つ専門家はひとつの強みにはなります。クライアントの困りごとに起点をおけば、それぞれの分野を掛け合わせて経営支援を行えば、相乗効果が生まれ、付加価値にもなります。

しかし、多角化戦略は、二つの分野に力を割くことになり、それぞれの力が半分になってしまいます。そのため、一つだけに集中している同業者の倍の、200％の力を注がなければ、弱点にもなりかねません。それを踏まえたうえで、精を出しています。

その結果、顧問契約、人事労務管理というように、任せてもらえる継続業務が以前の倍以上になり、日々の収入を上げ続けてくれるようになりました。

今の事業ベースは、主に地域密着で継続業務を受任し、クライアントへの細かなサポートやコミュニケーションを地道に繰り返すことにあります。ほとんどの人が気がつくことをするのは当たり前で、わずかな人しか気づかない細かいことこそ大切であり、そうしたサービスをつくれば、必ず誰かの目に留まると思っています。それが、いつか自分の大きなチャンスにつながることになります。

定期的にコミュニケーションをとることで、よい人間関係を構築することも出来ます。収益を継続的に生み出す事業があるからこそ、他の活動にも経営資源を投下することが出来ています。

実は、このような目立つ事業ではなく、地道な事業を続けていく経営手法は、新しいビジネスモデルがもてはやされている時代のなかでも、堅実で重要とされる起業法のひとつです。

●低リターンでも低リスクな継続事業を大切にする

私の場合、法人向けの中でも地道とされる堅実な事業を行うことから始めました。そして、ビジネスモデルが確立してきた時に、並行して個人向けの相続業務を後押しする形で二本柱としてきました。重要なのは、収入モデルを確立することです。

法人業務の中には、コンサルティング業務と代行業務がありますが、代行業務は内容を把握しソフトを使いこなせれば、誰でも出来るビジネスです。そのため、依頼が増えれば人員を増やすことで仕事量も増やすことが出来ます。私も、そのタイミングで雇用をしています。依頼が順調に増加すれば、その繰り返しになるので、やり方次第で事業を拡大していくことが出来ます。

技術革新によって、その事業の需要が減るリスクからは逃れられませんが、代行業務はかかるコストが低いので、まさにリスクが少なく、平成の終わり頃から低価格化してきましたが、収益を生み出せる堅実な方法です。

そのような中、士業のサービスも変化が求められ、これから生き残っていくためには、テクノロジーの進歩とともに値打ちが下がってきた負担軽減業務のままではなく、高付加価値を提供する問題解決業務に変えていく必要があります。自動化出来るような仕事は機械に任せて、経営課題を解決するためのサポートに集中していき、悩みを相談してもらえるようなビジネスモデルを確立していかなければならないのですが、日々の相談にきちんと対応出来れば、クライアントも離れていきません。

では、法人業務をどのように獲得し、継続してきたのかですが、クライアントから見れば、私に与えられる機会は、ほぼ第一印象で決まると思っています。まずは、その機会を大切にします。そして、そこで新たなサービスを売り込むことは、仕事の半分でしかありません。残りの半分は、今いる顧客のサービスに努めることです。サービス不足で離れていく顧客の穴埋めをするために、絶えず顧客を見つけ続けることは、効率が悪くなります。新たなビジネスモデルをつくっても、経営を悪化させては元も子もありません。成果を出している人は、何かに頼って行動しているのではなく、過去の常識にとらわれない新しいことをしつつも、裏ではキャッシュフローの動きを止めない堅実な継続プログラムをもっています。

自分が描く事業が出来るのは、このような仕組みをつくり、繰り返し継続し続けているからだといえます。最初は少し手間がかかりますが、一度仕組みをつくってしまうと、その後の経営がしやすくなります。

成果につなげるための環境

事業で成果を上げていくためには、目標や経営戦略が必要です。試行錯誤の連続ではありますが、成果につなげるためのヒントをお伝えします。

●一定のインプットが終わったら、とにかく実行してみる

経営とは、自分との問答です。専門家やメンターの考えを参考にしたうえで、最終的には自分で実践していきます。経験は他人から引き出せないので、自分で積むしかありません。

成功に導くためのヒントはたくさんありますが、全ての人に共通する正解はないと思っています。

役立つ考えを参考にして、それをもとに自分なりの答えを出す必要があります。

几帳面な性格の人ほど、何かを始める前には用意周到に準備をしようと考え、インプットに時間をかけすぎる傾向にあります。

私も、起業してからはまずはインプットだと思っていましたが、結局は自分で実践するというアウトプットの継続や失敗から、多くの教訓を得ています。早く行動すれば、その分早く結果が出ます。実際、自分に起きていないことは実感がわかないものなので、この〝試しに行う〟ということは、現実とのギャップが見えてくるため非常に有効的です。計画段階で気付かなかったことが明確化し、そこで修正出来ることでリスクの軽減にもつながります。

つまり、行動して体験したほうが、ひとつのことを深く考え、経営の本質に迫ることを徹底的に実践出来ます。計画の完成度が高くても、事業はやってみないと分からないのが現実です。そして、素直に学び改善しようとする姿勢が必要です。

大きな会社ほど、リスクをとって失敗すると、批判されたり、その空間に居づらくなりがちですが、起業すれば自由に行動が出来、失敗してもリセットしながら何度も挑戦していける環境にあります。批判されないように失敗をさけていると、同時に良い評判も集まらなくなります。

事業で成功する方法はひとつではなく、その方法を初めから知っていた人もほとんどいません。目標を達成する過程で、回り道をしながらもアイデアや方法を考えることで、価値を生み出していきます。そのように考えると、起業する段階で、どのようにして目標を達成するのかという戦略や方法が分からないのは当たり前のことです。

成功するまでの過程はとても大切です。そして、常に目標を達成したその後の自分をイメージし続けておくと、夢中になって取り組めたり、自分を動かす原動力にもなります。

●何を実現したいのか、自分の強み、この二つが大事

私は、これまでのよい経験、つらい経験のなかで得た、自分なりの物差しとなる考えがあります。自分の考えを明確にもって行動し続けていれば、自分の得意な方向に展開していけるようになってきます。

起業して何を実現したいのかを考えておくと、その考え方が理念となり、自身のビジネスプランを決定していく際のひとつの基準となります。土台となる考え方が脆弱であると、木を見て森を見ずの状態で、不測の事態が生じたときに、ビジネスプランが壊れてしまいやすくなります。

そして、自分の強みを生かせる、ニーズが確実に存在する、顧客に受け入れられるサービスという基準を満たしているかを並行して考えておくことです。誰でも出来る業務では、当然顧客を獲得することに苦戦します。選んでもらえるプラスアルファの強みを身に付ける戦略が必要です。

失敗したりすぐに成果がでないからと言って方向性を簡単に変えたり、最終的に他人に頼るような環境にいるのではなく、自分と問答しながら経験につなげて行ける人の方が、確実に成長して成果につなげていけます。最後までやり続ける体験を積んで、成功体験を味わうことで、やれば出来ると思えます。

実現したい理念を持ち、自分の強みを生かす道を模索しながら、答えが出るまでやり続けることです。

気を付けなければいけない資金調達と経営規模

起業で気を付けなければいけないポイントに、資金の調達と、経営規模の問題があります。

●効果の明確でない借り入れはしない

起業家の多くは、資金調達で悩まれているという現実があります。ここでは、詳細の説明は省きますが、イメージしてもらうための話をします。

起業時の借り入れは、自分がやっていることをよく理解している場合に選択するものだと思っていてください。借り入れは、将来収入が予想されるお金を、先に銀行や投資家から借りて、その資金を前もって事業に投資することで、時間を購入しスピードをあげるためのものです。例えば、ある程度の資金が必要となる技術者のスタートアップなどでは、エンジェル投資家（※）から資金調達を行うこともあります。その人たちを納得させるための資料としては、事業計画の策定も必要となります。（※起業家のスタートアップを援助する個人投資家）

借り入れによる効果が分からないなら、最初から大金は投じないほうがよいとも言えます。事業を始めるためのお金をどこで借りるか以上に、まずは収入がどこからどのように入ってくるかを考えることが先です。

成功の可能性を減らさずに、限られた予算で起業することは、けっして不可能ではありません。人間は、そのような状況の方が、よりアイデアを振り絞ろうとするので、少し時間を要しても、結果的に成果につなげていくことも出来ます。

また、他者の支援が得られるのであれば、助けを借りてリスクの幅を狭めていきます。出来れば、計画の行き詰まりに備えて代案となる別計画を用意しておきます。そして、不況が来ても会社を潰さずに耐えていけるように、資金的な余力を確保しておくことです。

たとえ大規模なビジネスをするだけの資金があるとしても、市場調査が必要な場合などは、最初は小さいほうがメリットになる場合もあるのです。

●まずはシンプルなビジネスを構築する

起業してすぐは、多くの人が、「ヒト・モノ・カネ」といった経営の要が足りないことがほとんどです。その中で価値を生み出していくには、多くの手を加えなくても結果が出せるようなシンプルなビジネス構築をしていきます。

決して、急激に変えようとしないことです。あまりに無理があれば、短期間で嫌になったり、挫折してしまいます。本当に望む結果を手にするには、ひとつひとつ大事にして長い目をもつことが重要です。何でも、大事にすれば集まってきますし、大事にしなければ逃げて行ってしまいます。

そのためには、優先順位を決めて、先に〝やらないこと〟を明確にしておくことです。最初は、やりたくないことでも避けられないことは存在しますが、やらないことを明確にしておけば、目標に向けて集中して取り組めるうえ、シンプルなビジネスを構築させることが出来ます。それが、持続させるために踏むべきプロセスとも言えます。

自分の想いをカタチにしていく

自分の事業がどのように成果を上げていくか、どのように社会に貢献していきたいのか、そういった「想い」は、なくてはならないものです。しかし、想いをカタチにしていくためには、目配りしなければならない問題がいくつかあります。

●リスクの低い事業部門で収益を計る

持続させることに重点を置くことは、本当にやりたいことに到達するための堅実な方法でもあります。しかし、上手くいくものを見つけて収益化するまでには、ある程度の時間がかかると思っていた方がよいかも知れません。

私は、時間的に自由になろうとすれば、起業することが最短ルートだと思っています。もちろん、他のルートもあるはずですが、時間的な自由を実現させる選択肢のひとつだということは、間違いありません。起業は、自由に使える時間があり、その時間を使って、ある程度の時間を要しても自分が描く挑戦が出来ます。

会社が上手く回り始めると、堅実な事業展開からどんどん成長させていくことも出来ます。例えば、リスクが低い事業というのは、一人当たりの仕事で収益化出来る金額に限界がある反面、雇用する人が多いほど、売上や経常利益が上がりやすくなります。そのため、単純に売上高を上げたいのであれば、堅実な事業に力を入れて、継続業務と社員を並行して増やしていくイメージです。

現在、私のビジョンやクレド（行動指針）は、地域密着のつながりを大切にしていくものであり、事業規模を大きくしていくというよりも、ビジョンに到達するために必要なステップを踏み続けることにあります。同じように、実際に多く企業は、新規ビジネスを行ったりはしますが、一定の規模を保ったまま、優れた仕事を残し続けていっています。

どこまで大きくなりたいかという目標も、ビジョンやクレドなどを明確に持ち、経営する中で徐々に洗練させていけばよいのです。

●マネジメントなど「人」に関する問題にも対応していく

小さな仕事でも、みんなでやり続けることで大きくしていくことは出来ます。また、スピード感や機動力を生かして、時代の流れに合わせた事業に変化させていくなど、自分の考えるビジネス展開にもっていくことも出来ます。そして、次はマネジメント力や人員採用力が必要となってきます。

規模を大きくしたいと考えるのであれば、そこで間違いなく人の存在は大切になります。組織にとって最も大切な要素は人材です。

例えば私は、人と社会のニーズに合った問題解決が出来る事業を思い描いているため、採用の時点で、その思い描くカルチャーに共感してくれそうな人材を雇います。基本的なスキルはもちろん必要ですが、能力が高い人よりも、一緒に働きたいと思う人を採用したほうが、結束力が強まります。

人の本質を他人が変えるのは難しいため、採用の時点から、自分のビジョンに沿って生き生きと働いてくれそうな人材を採用することは大切です。そうすれば、モチベーションを上げたり、厳しい管理をする必要も少なくなり、いざというときにも団結力の強い組織になります。

マネジメントは、自分が部下の頃の経験を活かして考えます。まず、相手の個性に適切な接し方が必要です。信頼のためには、顔を合わせて対話する努力が大切です。

弊所では、まず相手がどうしていきたいのかを知ったうえで、そのために自分がどう行動すべきかを考えます。自分で考えて行動してもらうために、会話を質問形式にしたりしますが、細かな指示は極力しません。しかし、仕事に関する情報のやり取りは正確にします。相手のためになると思えば、そこは明確に伝えます。納期に余裕があれば、仕事の期限は自分で決めて言い切ってもらいます。能力や意欲にあう課題を与えて、少しずつ成功体験を積み上げていってもらいます。自発的に出来るようになれば、従業員を信頼し任せます。信頼は、モチベーションの高い従業員に対するマネジメント方法とされる、マグレガーのY理論でもあります。年度替わりの節目（年に一度）には、振り返りと、これからの夢を描ける対話をします。

もともとは、会社員である前に一人の人間です。

代表者と社員が人生観や夢を対話しあい、みんなが事業の発展を自分ごとに捉えられることが、その組織で共に働く喜びとなり進化につながります。自分が人に感謝されることもうれしいですが、自分と一緒にいる人が「ありがとう」と言われている姿を見ることにも嬉しさがあります。一丸となり喜んでもらいたいという姿勢が大切だと思います。

自分が誇れる何かをもち、自分がワクワクし、家族や周りの人に胸を張って言える仕事があれば、たとえ道のりがつらくても、大きな原動力となります。

人には能力や性格に個性があり、それぞれにとっての満点があります。人を育てるに当たっては、最初の能力の差はあまり意識せずに、少し長い目で成長と可能性を考えて、成長の機会を提供したり自律の支援をすることで、その人個人のよさが見えてきます。そうすることで信頼関係が生まれ、協力してほしい仕事がある時には、率先してやってくれる人材になるでしょう。

収益性を考慮したリスク管理

一度立ち上げた会社は、ぜひとも軌道に乗せたい、と思うのは当然のことです。リスク管理をしながら、軌道に乗せていくコツをお話しします。

●実績のない分野で起業する時は小さく始める

起業前から実務経験がある人、例えば、医療・看護・介護・障害福祉、建設業、運送業などの場合は、長年の専門技術や経験をもって起業される方が多くなります。また、そのような方々は、複数の取引先が起業前から決定していることも少なくありません。そのため、初期投資に費用がかかっても、事業の実現性や優位性があるため、最初から借り入れを選択することが多くなります。

しかし、私もそうでしたが、その分野の経験がない場合は、事業のスタート段階においては、費用を抑えて成果を出していくことが先です。その積み重ねが、その後の選択肢を徐々に広げていくことにつながります。

事業を始める時には、自分が想定する事業計画を立てます。

その時、売上の最低ラインにも届かず、費用だけがどんどん増加してしまうと、存続するだけでも苦しい状態になります。そうなると、経営に必要な冷静な判断や、チャレンジする意欲をなくしてしまったり、顧客を喜ばせるという大切な目的をも見失ってしまうことになりかねません。まずは、自分が想定する売上高、費用、経常利益（営業利益から営業外収益・費用を差し引いた利益）、市場占有率といった、事業の収益性は予想出来なければいけません。そのうえで、事業を軌道に乗せるために、「実行」→「評価」→「改善」を繰り返しながら成果を生み出します。

ある程度の経常利益が出せなければ、経営を順調に回していくことは難しくなります。経営には、外部環境や競争による影響を受ける可能性もあるため、その時に行き詰まらなくてもいいような余裕をもっておかなければいけません。

経常利益を出していくためには、やはり収益性を考慮して行動することです。大きな目標を掲げることは希望があってよいと思いますが、いくら高いところを見ていても、足は地を踏むことしか出来ません。自分の足元をしっかりと見ることが出来ていなければ、持続させることは出来ません。

成果をあげるために特別なことばかりをするのではなく、まずは普段通りの当たり前のことを徹底することで得られるものがあります。

具体的に成果を測るタスク管理法

事業計画を立てるに当たって、気を付けるべきことをまとめました。タスク管理をしっかり続けていくと、成果に差が出ます。

●ビジョンを描くと結果は変わる

勉強が出来ることと、ビジネスで成果をあげることは別です。能力の差よりもビジョンへの想いや考え方の差よって、結果は大きく変わってきます。

結果は、予測しても外れるものです。だから、未来を予測するよりも、それをどうしたいのかをビジョンとして想い描くことが最善の方法です。

シンプルに基本を徹底する、身に付けた基本に変化を加えて成長させる、そして、独自のアイデアを確立させていくために、ビジョンを考える際には、商品やサービスを中心に考えていくだけではなく、もっと全体を俯瞰して、将来のあるべき姿を考えていく必要があります。起業は、ビジョンという目的を決めることから始まりです。

最初から明確なビジョンを持つことは難しいですが、その場合でも、事業計画書にビジョンや中長期的なミッションは大まかに入れておき、後付けでもよいので、経営の中でしっかりと打ち立てていけるようにします。

計画はどんなに緻密に立てても、思いもよらないことがよく起こります。実際に私が起業時に立てた事業計画書も、その通りにはいきませんでしたが、良くも悪くも計画以外の仕事に依頼が集中したことで事業計画の改善が出来たり、ビジョンや方向性を洗練させていくために役立つものであったことには違いありません。

事業計画を立てた後は、マーケティングテストのように小さくスタートさせることが大切であり、最初から必要以上の大金をつぎ込んでしまうようなことは、避けなければいけません。一日一日がゼロからの創造です。

経営に必要な戦略や事業計画の立て方、マーケティング、人材育成などには、一般的に正しいとされるセオリーがあります。しかし、実際の経営は、まずその通りにはいかないものです。

●期限を決め、タスク管理で効率を上げる

そして、ビジョンに向かって、小さな目標をつくっていくタスク管理が大切です。制約があるからこそ、知恵を絞らざるをえなくなり、知恵を絞ろうとします。ここでの目的は、時間を管理

することではなく、仕事を細かく切り分けて管理することであり、重要な仕事を最大の効率で行うことに意味があります。

大きな目標であればあるほど、すぐに結果につながらなくても、めげずに進んでいく必要があります。そのため、まずは小さな目標をたてて、実現可能な範囲で期限を決めること、そうすれば小さな目標達成の積み重ねによって、最終的な大きな目標達成に近づいていきやすくなります。例えば、一年かかるとされる計画を、月ごとや一日ごとの目標にまで細分化して、それを達成するように努力します。

そして、管理に慣れてくれば、自分を成長させたい思いが強い人は、少しずつ高い制約を課していきます。例えば、通常より少し短めにデッドラインを設定してみたり、前倒しにしていきます。あえて制約をつくると、成長に直結しやすくなり、仕事をコントロールする力もついてきます。

タスク管理を行うと、頭の中が最短で目標を達成しようと考えるようになり、最終的に自分の普段の能力以上の力を発揮出来たり、アイデアが見つかったりします。

このように、たとえ準備万端整っていなくとも、出来るだけ先にビジョンとするゴール、目標、期限を決めてしまうことです。

行動は、実績を積んでからではなく、いつまでにするかの期限を決めることが先だと思っています。そして、それに間に合うように実績を積んでいき軌道に乗せていきます。

様々なストーリーとの遭遇

マーケティングをする中で、また顧客と向き合う中で、様々な人間関係を通して気づくのは、すべては人間対人間に集約されるということです。最後に、人生の価値につながるお話をしたいと思います。

●儲けることより役に立つことで収益が伸びると考える

マーケティングとは、説得に基づくのではなく、顧客のほうから寄ってきて興味を示してくれるように導くことだと思っています。顧客の中には、何度も買ってくれるリピーターもいれば、さらに別の買い手を増やしてくれる人もいます。

そして、お金は感謝の対価とすれば、顧客に対してどのような価値を提供出来るかが重要で、独りよがりのサービスや商品では売り上げにもつながりません。人に役立つことを提供して、その対価としてお金をもらうことが出来ると理解しています。

そのため、収益化を重視して考えすぎると、顧客はそれに気が付いて離れていきます。短期的ではなく長期的にみると、儲けようと考えるよりも人に役立つことで、顧客を引き付けることが出来、結果的に収益の増大につながると考えます。

全ての人から共感を得ることは不可能に近いため、まず理想とする顧客像を思い浮かべます。それが決まったら、その顧客に自分が選ばれるように逆算して、仕事を組み立てます。

自分の事業は、どのような価値を提供出来るのかを考え、社会にも人にも、そして自分にも良いビジネスは、人からも応援されて持続していけるものとなります。自分がやりたい事業を、社会貢献と併せ持つことが出来れば理想です。

●責任から逃げず信頼を得たからこその報酬

そして、正直で率直であることは、長期的な成功をもたらす生命力になります。短期的には、顧客と約束した内容を、手抜きをして完了させることはたやすいことです。しかし、長期的には、そのような誠実さを欠く行動の報いを受けることになります。信用という糸がひとたび切れてしまうと、再び継ぐことは不可能に近いものです。

顧客から興味を示してもらいながら、経験を積んで実績を残せば信頼が得られること、一度信頼を失えば回復させるには相当の時間がかかること、これらはどの世界でも同じことが言えます。

ひとつの仕事を終えたと思った後でも、何か生じれば後始末はきちんとする癖をつけることです。たとえ、危なっかしい状態でスタートしたとしても、労力を惜しまず、自分に責任があることから絶対に逃げないという、仕事に対する真面目さがあれば、良い結果を招きます。そして、人の役に立つことが本当の目標になれば、誰かが見ていようと見ていまいと、相手のことを思い敬意を払うようになり、仕事の手を抜くことが出来なくなります。

起業という選択をしてから、人間関係の広がりや深さを考えさせられることは多々あります。そして、様々なストーリーに遭遇し、何かを成し遂げたときの感情は、働くことの最大の報酬でもあります。人生の価値は、生きた時間の長さではなく、その使い方で決まると思っています。

「マズローの欲求5段階説」という、「人間は自己実現に向かって絶えず成長する生き物である」という仮説をもとに作られた理論があります。その基本的欲求からうえに向かう欲求のピラミッドの頂上にあるのは（さらに自己超越の6段階目があると発表されていますが）自己実現の欲求です。自己実現＝起業ではありませんが、考え方によれば近いものがあります。

そういう意味でも、起業という選択にはものすごく濃い未来が待っていると私は思います。

コラム

働き方と生き方の幸福論②

自分の価値を知る　～共同体の中で生きているという事実～

自分と他人を比較することは、自分しか見えていないからでもあるとされています。人は、家族や社会などの共同体の一員として生きています。社会の文化や産業の中では、すべての人が高度な頭脳的労働を目指す状態が好ましいわけではなく、異なる仕事の一つひとつに意義があり、それによって社会がうまく回っています。つまり、どのような仕事も、人の役に立っていれば、社会全体から見れば、価値があり必要とされているのが現実です。

人は社会生活の中で、他者と結びついて生きています。幸福や生きる喜びも、他者との関係から得ることができます。

そうであれば、他者を敵ではなく仲間としてみることで、自分の居場所ができ、多様性の中で刺激を受けたり、仲間のために貢献しようとも思えてきます。それが共同体感覚であり、自分のことだけではなく全体をみることによって、幸せになれるという考え方です。

この考え方は、頭では理解はできても、自分自身に落とし込む段階にもっていくのは難しいかもしれません。そして、本当の意味で実感しようと思えば時間がかかるかもしれません。

そうであっても、何ごとも実際に反映させてみようという考えをもってみることからです。完璧に行動に移そうとするのではなく、なるべく心掛けるイメージで行動していれば、その積み重ねで、少しずつ自分にとって良い方向に向いてくるのではないかと思っています。

人生はこうでなければならないと固まってしまっては、つまらないと思っています。こうじゃないかなとか、こういう気がするといった直感を信じて進んでいけることのほうが、楽しい人生だと思います。

働き方や生き方の幸福論とは、人生を複雑に考え過ぎずに、自分の内部と外部それぞれの環境を受け入れ、目的をもって課題に立ち向かう意志があるかどうかだと考えます。

たとえ、その道が厳しいものであっても、道を見出さない限り、同じ苦境に陥ってしまうだろうし、他人から一方的な救済を受けられたとしても、それは勇気づけにはなっても、自らで幸せを導くものではないと思います。自分の課題は自分で責任を持ってこそ、達成感ややりがい、そして幸せをもたらすものだと思っています。

働き方の改革

~増える選択肢をどう選ぶか~

働き方改革関連法が
自分とどう関係するかということは、
自分自身がどう働きたいか、
という意志なしには明らかになりません。

第7章

国による働き方改革とは

高度成長期時代は、私たちの賃金は横並びで上昇していました。しかし、今はそういう時代ではありません。モノがあふれる時代に、モノを売る会社は存続するのも大変な時代です。そのようななかで売上や賃金を確保するために、長時間労働やコンプライアンスに関する問題が発生している現実もあります。

昨年70年ぶりの大改革である働き方改革関連法が成立し、労働環境を大きく変えるきっかけとなりました。働き方改革は、企業だけの問題ではありません。私たち一人ひとりが自分ごととして真剣に向き合う必要性に迫られています。

今回の働き方改革は、社会的側面（長時間労働問題・正規非正規の賃金等の格差）および経済的側面（生産性向上、賃上げにつながる基盤作り、成長と分配の好循環）を実現するため、安倍政権の最重要課題として行われたものです。例えば、日本の会社は、社員を正規と非正規という身分に分けていることが問題となっており、これを世界標準の働き方にそろえて、雇用形態で判断するのではなく、同じ仕事であれば同じ待遇にしようとするのが働き方改革のひとつです。

法改正の内容は多岐にわたり、項目によって施行日が異なるほか、取り組みが努力義務となっている項目もあるため、優先順位を決めて取り組むことが大切です。

また、これからの人口減少により、生産性を高めなければGDP総額は減り続けてしまいます。これらを背景に、国策として国が主導しなくてはいけない時代を迎えており、最低賃金を上げることによって、企業を生産性向上に向かわせようとしています。国は、経営者は最低賃金が高くなると利益が圧迫され、利益を取り戻すためにも生産性を高める必要性を感じることから、何かしらの行動を引き起こし、合理化するための調整力が働くことを期待しています。

加えて、女性、高齢者など、それまで仕事をしていなかった階層の人たちが、労働に参加しやすいように取り組み、労働市場の拡大につなげようとしています。

そして、働き方改革第2弾として年金支給の年齢を70歳に引き上げようという議論もありますが、国策だけで何とかなる問題ではありません。国がいくら働き方改革を仕掛けても、私たち一人ひとりが傍観者としてではなく、チャレンジする意識を持たなければ状況は変わりません。一人のチャレンジが、周りにいる人の変化を生み、その変化の連鎖を引き起こしていくことが、私たちに出来ることです。

働き方は自分で決める

このような時代でも、国や企業がどうにかしてくれると期待しているかも知れませんが、今では国や企業任せのレールに、何も考えずにそのまま乗り続けることは、リスクが伴うと思っておかなければなりません。

国や企業に頼るのではなく、少しずつでも自分のキャリア計画を考えて、着実に実行していく必要があります。いちばんよくないのは、それでも人が何とかしてくれると思って生きていくことです。

これからは、何も疑問を持たずに仕事をしていると、ある日からいきなり同じことが通用しなくなる日が突然訪れる時代でもあります。

特に最近は環境が充実してきたことで、小さい資本で起業したり、副業・兼業をしたりと、アイデアがあればそれを実行に移すことが容易になってきています。

しかし、焦点が当たりがちな「働き方」自体は手段に過ぎず、何を自分の仕事にしていきたいのか、仕事を通して何を実現していきたいかの目的が重要で、そのうえでどのような仕事や働き方が最適であるかを、これからは考えておかなければいけません。

起業を考える人は、特別にポジティブでアグレッシブな性格の人だと思うべきではありません。

起業を考えるにしろ、現職に留まるにしろ、自分の働き方は自分で決める、このことが大切なのです。

ポジティブやネガティブな性格は、簡単に変えられないと思いますが、何でもポジティブがよいわけでもなくて、どちらも極端だとうまくいかなくなる傾向にあります。

私は、まず仕事に対する考え方を前向きに変えたことを機に、自分が仕事を通して実現したいことが見えてきて、積極的に働き方や生き方を見出すようになりました。そのため、やると判断したら行動しますが、一方でなんでもやれる時間があるわけではないと考えていることから、「選択と集中」を心がけているため、実際やらないことを選択することの方がそれ以上に多いのです。そういう意味でもバランスだと思います。

働き方という視点でも、考え方次第で仕事を今より楽しく感じることが出来ます。私は、自己評価に満足出来るよう、相手の期待値を超えようと意識しながら仕事をしています。否定的な気持ちで仕事をすると、心も体も病んでしまいます。これからも今の会社で同じように働くとしても、少なくとも、何も考えずに働き方を選択するのではなく、考えた結果として選択するという、自分なりの納得感が得られていることが必要だと思います。

仕事は、紛れもなく人生の一部といえます。人生の一部に納得出来れば、仕事にも自分の気持ちにも前向きになれます。

自分なりの納得感を得ながら仕事をしているのと、そうでないのとでは、仕事に対するスタンスの違いにもつながり、これから先のキャリアに大きな差がついてくると私は思います。

会社員として働くことの未来

ここで、会社員として働いていく場合の、近い未来像を考えてみましょう。

働き方改革関連法に伴う制度の概要が明らかになりましたが、本改正は、従来のような法律を中心とした表面的な制度改革だけではない、実際の現場から改善する働き方改革でなければなりません。

例えば、長時間労働是正のために労働時間に上限規制がかかるため、現場では効率を重視していく必要があります。具体的に効率化を図るためには、システムではオペレーションの見直しや、業種を超えたコラボレーション企画といった新たな仕組みを検討、ツールではIOTやRPA（ロボティック・プロセス・オートメーション）などを導入、スキルでは、個人の能力を向上させることで生産性をあげる、人材獲得を目的とするM&Aであるアクハイアなどが考えられます。

また、効率化とコスト削減を同時に行えるアウトソーシングなどもあります。

勤続年数を重ねるほど給与が上がる年功賃金は、今では成果主義導入により修正されつつありますがまだ存在しており、40歳代の会社員は相対的には高い賃金をもらっています。その賃金コストが企業収益を圧迫する構図は、今後も強まり、企業の選択肢からリストラにあたる「事業構造計画」の文字が消えることはありません。

例えば、世の中がどんどん便利になってくることで、私たちが思考を巡らし行ってきた経験を要するとされてきた業務が、見える化や標準化され、だれでも対応可能な仕事となれば、企業としてはアウトソーシングをする方が圧倒的にコストダウンを図れます。

日本のホワイトカラーひとりあたりの生産性は、先進国でも最も低いと言われていますが、例えば、その典型的な職場とされる総務部の業務を、大幅なコスト削減が出来る中国にアウトソーシングしたとすればどうなるでしょうか。そうなれば、総務一筋の管理職であっても総務部員であっても、いきなり自分の意志に関係なく総務という仕事の大部分がなくなってしまい、キャリアチェンジを余儀なくされるのです。

効率化のためのグローバル化はどんどん進んでいます。そう考えると、自分にしか出来ない仕事をしていない限り、キャリアチェンジを受け入れなければ生き残れないのです。

国内市場が縮小する中で、グローバル化が私たちの働き方に与える影響を理解している人は少ないかも知れませんが、業種や職種にかかわらず、実はこうした形で雇用のグローバル化も進みつつあるのです。さらにテクノロジーの変化が速い背景には、何かひとつの商品が発明されるだけで、大きな市場であってもいきなりなくなってしまう可能性もあります。自分にしか出来ない仕事をするためには、付加価値を生み出す仕事をしなくてはいけません。これからは、ますます付加価値を生み出すことが出来る人に仕事が集まると思われます。

年齢に関わらず必要とされる人材とは？

このような中で、私たちは国や企業に過度に依存するのではなく、いざというときには、主体的にキャリアを選択していけるような準備をしておかなければいけません。何かに頼り切ってしまうと、逃げ場がなくなり耐えなければならなくなるからです。

個人の能力を向上させるためには、会社が提供してくれる教育訓練だけではなく、自己投資によってプラスアルファのスキルを身に付け、自己責任の下で主体的に行動していくことです。

つまり、業務の目的があいまいであったり、やるべきことをきちんと把握しないまま思い込みで進めると、そのまま間違った方向に行ってしまうことがあります。また、仕事に費やす時間を明確にしないまま、無計画に成り行き任せで仕事をし、本来かけるべき時間をはるかに超えてしまったというような働き方は、厳しい言い方かもしれませんが、通用しないということです。そして、自分の働き方改革をどれだけ早期に実行出来るかで、どんどん個人の能力に差がついてくるともいえます。

日本は労働力人口の減少に加え、育児・介護、病気の治療との両立など働く側のニーズの多様化に直面しています。それらの課題解決のため、長時間労働の是正、柔軟な働き方がしやすい環境整備、正規雇用・非正規雇用の不合理な処遇改善の是正、ダイバーシティの推進といったかたちで働き方改革を進めようとしています。さらに一歩先を行く企業では、多様な人材が存在している「ダイバーシティ」の状態を発展させた、多様な価値観を受任しながら一体感をもって活動している「インクルージョン」の状態に取組んでいます。

しかし、こうした多様な働き方や多様な雇用形態なども、働く者の自律の意識に基づいていることを前提としてなければ有効に機能しないものなのです。働く者自身の自律の意識があってこそ、個性を生かすことが出来、多様性が組織の活性化や新たな価値創造につながるのです。

人生100年時代到来となれば、職業寿命の長期化により60歳から65歳で引退する人は減少すると思われます。政府は、日本の持続的な経済成長に向けて人材を経済政策の最重要テーマとして位置付けています。

一億総活躍国民会議（2015年10月から2016年6月開催）、働き方改革実現会議（2016

年9月から2017年3月開催）、人生100年時代構想会議（2017年9月から2018年6月開催）などは、切り口は違いますが、いずれも人材を重視して人材育成や人材への投資の取り組みを提言しています。

課題を設定しイノベーションを起こしたり、AIには不可能な変化を起こせるのは人材であり、その時代の変化に素早く対応し、必要なスキルを常にアップデートし続けていくことが出来るのも人材です。また、看護や介護のような仕事では、AIでは代替出来ない相手への共感力が必要となりますが、人の心を動かせる存在になることも人間に求められている仕事です。

そのため、年齢に関わらず必要とされる人材であり続けることが必要となります。それには、自律の意識を持ち、主体的にスキルの継続的なアップデートが出来る人材であるかが問われてきています。やはり、最終的には、自分の力で自分の軸を決めるしかないのです。私は、多様性といえども足して2でわる議論よりも、一定の判断基準をもって決めていける自分軸が大切だと思っています。指示された仕事だけでなく、よりよい成果を出すために自分の意見を表に出して働く姿勢は、これからの自分のためにも必要です。

「やらないこと」を決めると迷いがない

私は、会社員時代、大企業にいれば安泰だと思っていました。現に、1000人以上規模の大企業では、30歳代から50歳代前半までの従業員の約7割が、初めて入った企業に勤務し続けているというデータがあります。

しかし、このようなキャリアパターンは、高度成長期からかろうじて今までは通用してきましたが、今後は期待出来なくなってくると思われます。

確かに大企業は、会社の存続という意味では安泰かもしれません。巨額の連続赤字となっても、大幅な人員削減などで倒産に至らない場合もあります。

一方で、企業の安定のために、業績が好調な大企業においても、将来を見越したリストラにあたる「事業構造改革」や早期退職を着実に進めています。大企業ほど先を読み、「選択と集中」を行い、それによって除外された事業については、規模の縮小や撤退、事業売却などの対応が検討されるのです。また、役員まで昇格しない限りは、管理職など役職が上になるほど、定年を待たずに社外に出ることになるという現実もあります。

安泰とは、こうしたリストラの荒波に遭わずに、定年まで同じように雇用されることだと思いますが、このように、いつ個人の雇用が継続されなくなるか分からない時代なのです。

自分には関係がないとか、定年の少し前になったら考えようとか、何も準備をしていない状態が一番危険であり、その時のダメージが大きいことは言うまでもありません。専門的な何かがあれば、定年が人生を変えるようなことにもなりません。

やはり、冷静に自らを分析し、周りに流されることなく、自分で主体的に選択しながら仕事に取組んでおくことが重要です。

私の働き方改革は、やりたいことを決めるより、先にやらないことを決めました。それは、すぐにやりたいことが思いつかなかったからでもありますが、そういうときは、まず「やらないこと」を決めて絞り込んでから、やりたいことを考えていくと明確化しやすくなります。

自分が決めたという納得感は、その後の行動にも大きな自信となります。そして、自ら選択し、実行したことに後悔は残ならいものです。

そして、〝これはやらない〟と決めておいたほうが、迷いも少なく将来の可能性が狭まらないのです。あれもこれもと、やりたいことが溢れている人は、その前で右往左往してしまいます。明確な基準を持って取り除くことが出来るほうが、迷わずに行動が出来ます。一気に変わろうと考えずに、少しずつでも変えることが重要です。

会社が傾きかけた時には、優秀な社員から先に辞めていくと言われています。そういう社員ほど、常に自分の将来を真剣に考えて周囲へのアンテナも高くしているため、その予兆を見逃すことなく適時に行動を起こすことが出来るのです。このように自分で働き方を変えていくためには、事前に自分で準備をしていなければならないのです。

日本型雇用システムの構造と将来のビジョン

働き方改革は、働く人々が個人の事情に応じた多様で柔軟な働き方を、自分で選択が出来るようにするための改革です。しかし、長時間労働ひとつとっても、その解消には構造的な課題があります。

働き方改革法改正の一環とされる「時間外労働の上限規制」（大企業は2019年4月施行・中小企業は2020年4月施行）、「年次有給休暇の時季指定義務」（2019年4月施行）は、特に中小企業では働く場所として選ばれる会社になっていかなければ存続し難くなってきていることから、組織設計から見直そうと対応を進めています。

長時間労働は健康の確保を困難にするとともに、仕事と家庭の両立をも困難にし、少子化の原因、女性のキャリア形成を阻む原因、男性の家庭参加を阻む原因となっています。そのため、長時間労働を是正することによって、女性や高齢者も仕事に就きやすくなり労働参加率の向上に結び付くとされ、労働基準法が改正され、「時間外労働の上限規制」が法律に規定されたのです。

しかし、政府がいくら長時間労働を法律で罰則付きにしたとしても、一律でその効果が期待出来るわけでありません。現状、そのように実感出来ていない人のほうが多いと思います。それは、日本の雇用システムが会社に所属することを重んじており、枠の中で多様な仕事を経験する「メンバーシップ型」であることが密接に関わっています。

「メンバーシップ型」は、先に人を採用してから仕事を割り振るので、ひとりの業務範囲は限りなく広がる可能性があり、その人の能力が高ければ高いほど仕事がどんどん増えるといったことにつながり、結局仕事量を減らすことが難しいのです。

一方、欧米の多くの企業は「ジョブ型」であり、仕事に対して人が割り当てられるため仕事のゴールが明確であり、日本のような長時間労働につながりにくい傾向にあります。「ジョブ型」の場合は、新卒一括採用ではなく、欠員補充が一般的になります。

そのため、学生も「私はこういうことが出来ます」と言えるような即戦力になっておかなければならないので、インターンシップや教育訓練を受けたりして努力をします。欠員補充と即戦力採用の前提があるため、給料も初任給のように決まっているのではなく、給料はいくら程ほしいかの確認と交渉で決まります。

そして、日本の労働契約書にあたる職務記述書にサインをし、同じ仕事で難易度が上がっていくことはあっても、職務自体が勝手にかわるということはまずないのです。

このような「ジョブ型」は、自律意識に基づいた働き方という見方が出来ます。

しかし、日本は新卒一括採用の考え方があるので、「ジョブ型」導入が進みにくい要因となっているのです。日本人は「メンバーシップ型」の環境に慣れてしまっていますが、世界ではそれは常識ではありません。

このような働き方が、日本では大きな失敗をすると出世出来ないという考え方につながり、欧米では起業や転職して上手くいかなかったらまたチャレンジすればいいといった考え方を導き出すのかもしれません。

これから目指すべき方向性は、欧米にまねて「ジョブ型」にシフトしてしまうのではなく、これまでの「メンバーシップ型」の持つ枠のなかで仕事をする安心感と、「ジョブ型」のお互いが条件提示出来る対等な関係性を、組み合わせることが必要だと思っています。

変わるシステムに対応出来る準備をしておく

システム構造の変化は、間違いなく起こっています。日本は今、人口減少や技術革新の進展などに伴い、即戦力の通年採用への企業ニーズは高まってきています。そしてそうしたニーズは、産業構造の改革が進展していくなかで、いっそう高まっていくことが予想されています。

つまり、これから必要とされる業種・職種で即戦力となる「ジョブ型」でも通用するような人材には、幅広い選択肢があるのです。

けれども、労働力人口が減少しているからと言って、容易に自分の将来は仕事に困ることはないと思っていてはいけません。人手不足なのは間違いないのですが、キャリアチェンジしやすい職種で人手不足が生じているわけではないのです。多くの人が想定する事務的職業の有効求人倍

◆ 正社員の中途採用を行う目的（左図）と
中途採用に関する今後の見通し（右図）

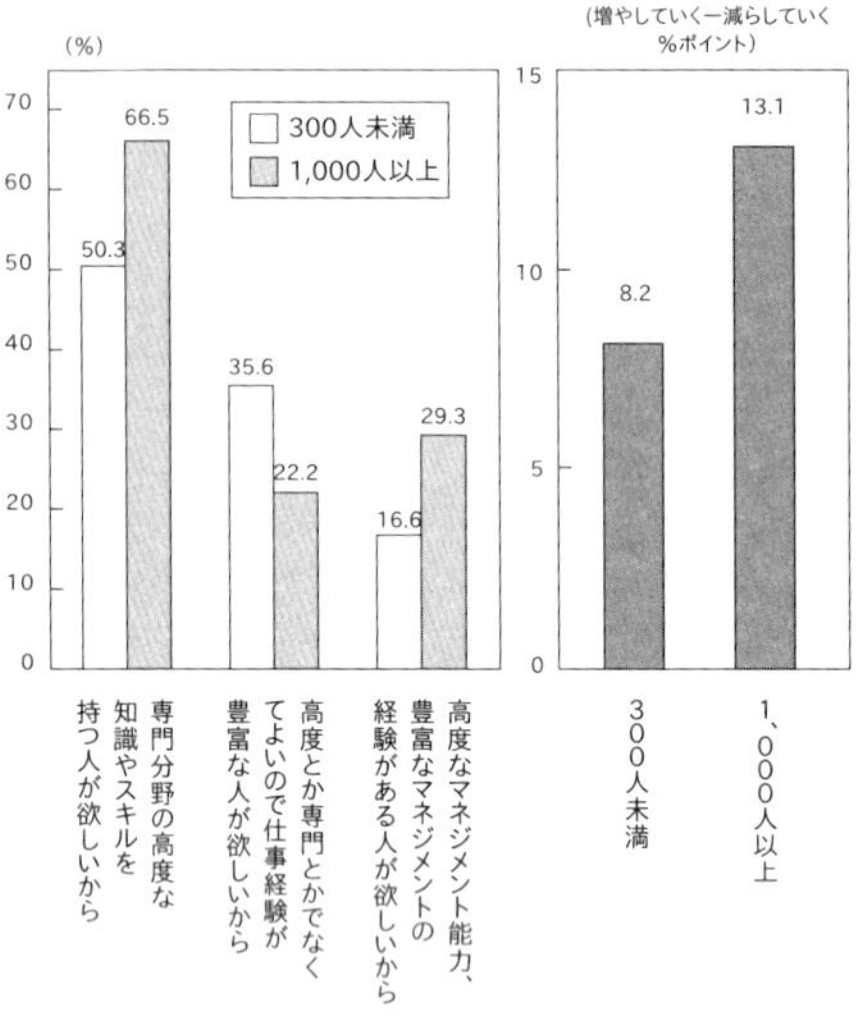

出典：厚生労働省『平成30年版 労働経済の分析』

率は低く、建設業や福祉・介護、農業といったところに人手が不足しているのです。キャリアチェンジを検討する場合は、人手が不足している領域やその仕事内容を前もって理解しておく必要があります。これまでの延長上で単に働いていけるという話ではないのです。

日本型雇用システムの中で、自分の働き方に疑問や不安を抱きつつも、忙しい会社生活で、特に立ち止まって振り返る機会をもたずに、今日に至るという人は多いと思います。

22歳で新卒入社して65歳までは43年間あります。65歳を過ぎれば会社の雇用義務がなくなります。仮に95歳まで生きるとすれば、肩書も名刺もない世界で30年間という年月を過ごしていくことになります。

人生の正午とか折り返し地点といわれる40歳頃に、実際このようにして冷静に見つめる機会を持つ人は少数派だと思います。43年間同じ会社にいるにしても、自分のキャリアを十分に考えて選択したのであれば、それは自分が決めたと言える主体的な決断なので、周りがどうこういう話ではありませんが、気付けば60歳、65歳ということになれば、やはり気付く時期が遅いのです。

60歳の定年と同時にそれなりの厚生年金と厚生年金基金が満額支給された世代は、定年後はシルバー人材センターの仕事で健康維持とお小遣い稼ぎをしながらゆっくり過ごすという生活が主でしたが、これからの私たち世代は、年金受給の開始時期も額も違うのです。新卒でしっかりした企業に入社すれば、高度成長時代の恩恵を受けられる時代ではなくなっているのです。

そのため、何の戦略も考えずに、今までの先輩と同じ道を何となく歩むということは、リスクであるとも言えます。典型的な日本型雇用システムが崩れてきていることを理解し、これからの働き方に向き合って、今から考えておくことが何より大切なのです。

まずは基本的な思考方法から見直す

さて、細分化させた現場に専門分野の領域の人たちが集結し、一層スキルを高めていこうとするこれからの社会の中では、言うまでもなく個人の多様なチカラが必要とされます。

働き方や生き方を変えることになる新しいことに直面すると、それをさっと受け入れることはなかなか出来ないかもしれません。

しかし、どうしようもなくなってから行動を起こすのではなく、その準備が早ければ早いほど、大きな制約を受けずに、取捨選択が出来る自分らしい働き方が可能になると言えます。

人生はタイミングが大事です。何かを思っていても、決断や行動を先延ばしにしてしまえば、あっという間にチャンスは逃げていってしまいます。

仕事でも何でも、自分が決断したことには人はポテンシャルを発揮しやすいのです。人は多様な個性を生かしながら決断していくことで成長し、それが結果的に、社会や事業の成長にもつながるのです。

今のビジネス環境は、日常的に変化や改革が起こっています。AIによって定型的な仕事は代替され、人間には創造的な仕事や働き方が求められるようになることは、しっかりと認識しておく必要があります。

今のところAIは、人間から与えられた課題をこなすだけで、自分で疑問を持ったり問いかけをしていくことは出来ません。そのため、何かに疑問を持って問いかけるというところに、人間の可能性があります。

これから大きな変化が予想される中で、特定の職業を想定し、それに必要なスキルを身に付けても、習得したスキルが役立つ期間はより短くなっていくと考えられます。

一方、スキルや技術の変化に対応出来る行動力、コミュニケーション力、そしてその根底にある教養といった人間的資質が、今改めて見直されています。

日本では、学校教育や企業教育でもリベラルアーツ（教養）を学びますが、今後は、さらに、人間としての知的な創造性を呼び起こすような基本的な教育、思想や歴史、哲学などに触れることが重要とされます。それを身に付けることで多様な視点で物事を見る力、高い思考力、話す能力、文章を書く能力が得られ、自分の認識する世界を押し広げてくれるものとなります。それは、何かひとつの考え方や概念にとらわれずにリベラル（自由）になれることにもつながるのです。

　私自身も、大学の最初の2年間はリベラルアーツ教育を学びましたが、さまざまな視点や物事を考えるために必要となる、基本的な思考方法を身に付けるための勉強であったと、今更ながらに感じています。ビジネスにはどのようにサービスを提供して利益を生み出すかという根本的な問題があり、それに対する解決策というのは、ほとんどが一つ以上存在しています。

　特に私の仕事は、専門的知識があるからといって教養がなかったり、必要とされることに無知であったりしてはいけないと思っています。


　自分のアイデアや解決策を提供するという創造的な仕事には、これからも価値があります。起業家も会社員も、問題を分析し解決策を考え出

◆ AIの活用が一般化する時代において重要だと考える能力

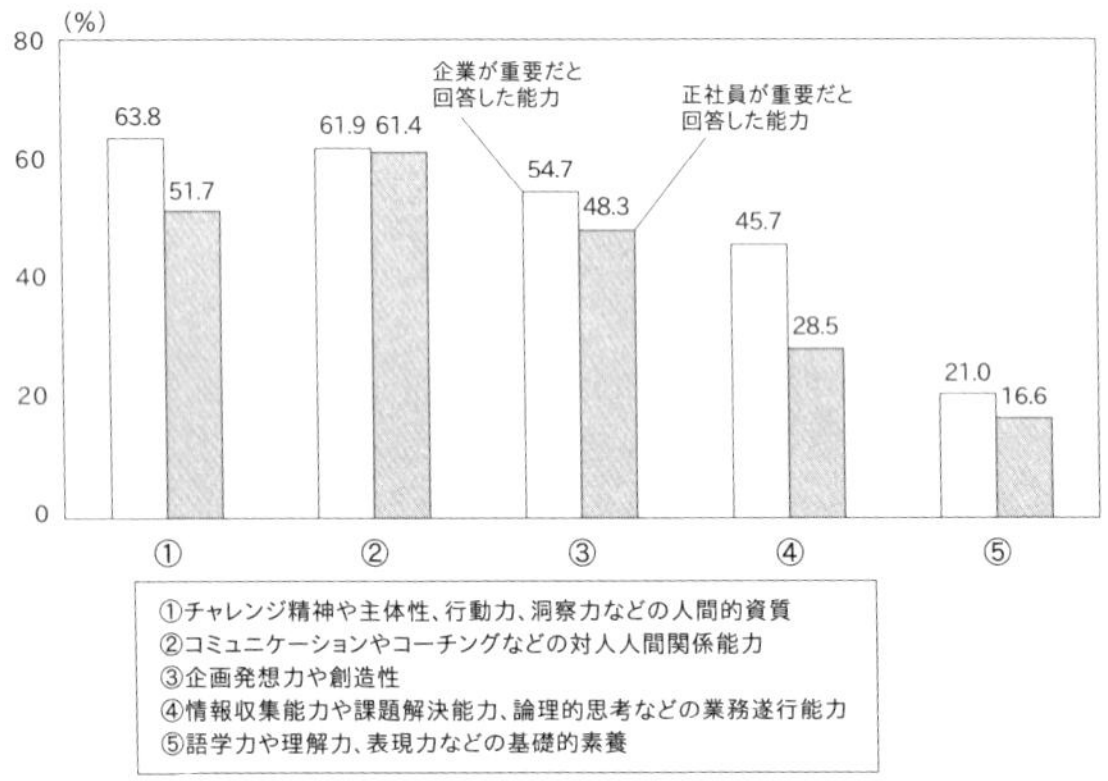

出典:厚生労働省『平成30年版 労働経済の分析』

し、それらを提供することによって価値を生み出す力が求められています。専門技術に関する知識は一時的なものになる可能性がありますが、リベラルアーツは、これからの働き方やビジネスの成功に必要なスキルを身に付けるのには最適だと感じています。

多くの人は、以前の私と同じように、終身雇用、安定、収入を考えるあまり、自由にチャレンジすることを忘れてかけていると思います。何か一つの考え方にとらわれずに自由になれれば、独自の視点やセンスを生かせられます。

定年後のお金と現実

私は創業者支援を行う中で、会社での働き方に悩んでいる人、これから生きていくうえでの新たな希望を見つけようとしている人に多く出会います。会社が生き残るために人を選び抜いていくことも当然ですが、社員もその中でどう生き残っていくかは精神力のいる闘いでもあります。そうした中で彼ら創業者は、会社を辞めたいと思う気持ちと、実際に辞めることの間にあるかべをぶち破るのですが、多くの人は辞めるところまでたどり着きません。それは、経済的なお金に対する考え方が大きいからです。

先日61歳の男性が、62歳から特別支給の老齢厚生年金を受給するので、在職老齢年金について弊所に相談に来られました。相談者は定年後に給料が半分以下になったのですが、自分の専門職にやりがいをもち仕事を続けています。

この65歳前に支給される特別支給の老齢厚生年金は、男性は２０２５年度、女性は２０３０年度からなくなり、すべての人が65歳からの支給となります。そして公的年金の支給開始年齢が段階的に60歳から65歳へと引き上げられることに伴い、２０１３年に施行された「改正高年齢者雇用安定法」では、雇用を希望する人に対しては、原則として最長65歳までは雇用が義務付けられることになっています。

それゆえ多くの会社では、60歳以上の雇用延長を「継続雇用制度」で対応しています。国の年金制度の問題を、企業に押し付ける形で改正がなされたとも言えます。

意外と知らない人も多いのですが、「継続雇用制度」は「定年年齢の引き上げ」とは違います。これは画一的な雇用保障と年功賃金を清算する仕組みである定年制を変えないまま、それに65歳までの雇用延長措置を単に追加したものとなります。60歳の定年には変わりなく、65歳までという5年間は、不安定な非正規有期雇用契約を一年ずつ更新していくことになるのです。非正規従業員は、休業規程の対象ではない企業がほとんどなので、ある程度の病気によって翌年の契約更新がされないことも十分あります。

また、給与が高かった人ほど、継続雇用後の賃金に不満が出る傾向にあります。２０１６年11月に東京高裁では、継続雇用後に定年前と同じ仕事をしているのに賃金が下がるのは違法ではないかとの訴えに対して、不合理でなく違法性もないとの判決がでました。一部の人だけではなく、相談者のように会社の継続雇用制度を利用しても、定年すれば収入は大きく減少するのです。

そのときにお金と幸せを比例させて考えていると我慢していくしかありませんが、専門職にやりがいをもち仕事を楽しめていれば、そこには働く意義があります。実際にその相談者も、給与面の不満はありましたが、働く意義を見出して仕事を続けています。

そして、非正規雇用契約の５年間が過ぎれば雇用契約は終了ですが、人生１００年時代と考えれば、まだまだこれからでもあるのです。

◆ 高齢者雇用安定法への対応状況

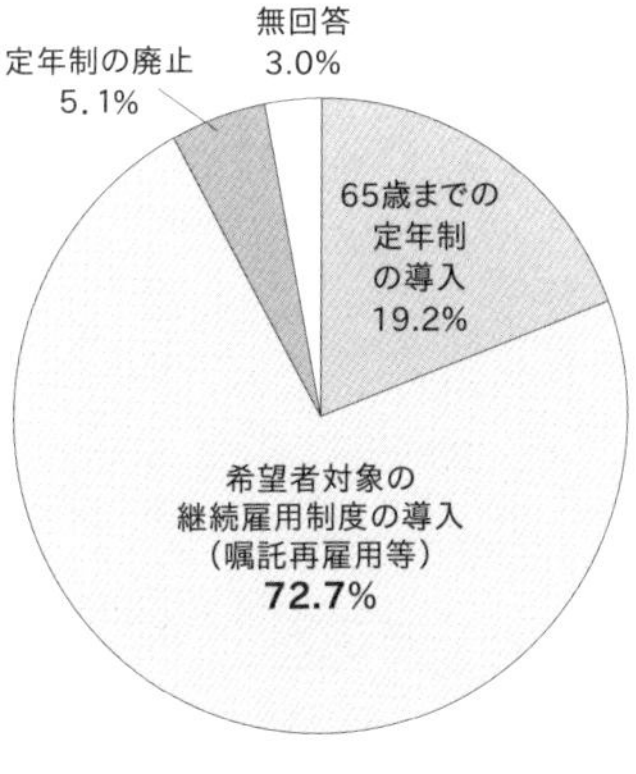

出典:日本・東京商工会議所「働き方改革関連法への準備状況等に関する調査」2019年1月

信用はお金になるとも言われていますが、生きていくためにはある程度のお金は必要だと思います。お金に余裕があれば出来る経験も増えます。

しかし一定水準までは、お金があることと幸福度にはストレートな関係がありますが、一定水準を超えると、お金があることによって必ずしも幸福度が大きくプラスになるわけではないとされています。

つまり、お金があれば幸せになれると思っていると、どこまでもゴールがなく、気が付けば昔感じていた幸せが消えうせてしまうこともある、ということです。

お金と幸せの関係

幸福とは抽象概念ですが、人間の最終目標といっても過言ではありません。

一方、豊かさというものは、収入の額だけで決まる時代ではなくなってきているともいえます。

これからは、所有する人よりもシェアする人がマジョリティー（多数派）になっていくと言われていますが、シェア以外にもネットオークションでほしいものが安価で手に入れられたり、クラウドファンディングを活用したり、少ない収入でも楽しく暮らせるようになってきています。自分がすでにもっているものを回転させてお金にかえれば、新たにコストをかけなくても豊かに過ごすことだって出来ます。このように、豊かさの基準は自分次第で、お金やモノは生活に必要な分だけ所有し、ストレスを感じない生活を送ることが、今の価値観でありライフスタイルにもなってきています。

私のセカンドキャリアは、今まで自分が持っていたお金の常識をある意味取り除いてしまったから創れたものかもしれません。

会社員の頃は、毎月の給与と年3回の賞与があり、先にお金を所有してきました。当時は、たくさんのお金やものを所有している状態が豊かだと思っていました。しかし、今は、経営にいたっては、お金は所有するより回すもの、「モノ」より「コト」を大切にする感覚を持っています。「金は天下の回りもの」という言葉を、今ではそのまま理解出来ます。

一見、消費に見える自分への投資は、回り回って自分のところに返ってくるという考え方です。

昨年、弊所の新規事業計画が採択された助成金のひとつである「小規模事業者持続化補助金」というのは、「ものづくり・商業・サービス生産性向上促進補助金」に比べれば金額は大きくありませんが、事業者が取り組みたい事業と国の政策の方向性が一致し、政策効果が期待されると判断された場合に、50万円が補助されるというもので、先に75万円以上の投資をする流れになります。その時も、やはり投資は周り周って返ってくるという経験をし、その後の経営にもその考えが役立っています。

お金は、求めているときに出て行ったり、求めていないときに集まってきたりすることもあります。そして、幸福、健康、長寿、愛情、友情など、人間が最も欲しいものは実はお金では買えないものばかりかもしれません。

私は、お金に対する考え方というのは、その人の生き方を表していると思います。自分はどんな幸せを得たいのかを考えて、お金の使い方が分かることが大切だと思っています。

今の私が、仕事を通して幸せを感じるようになったのは、次のような考え方をもつようになったからかもしれません。

1. 自分の考えを明確にして、周りの意見に流されずに人生を歩む
2. 目指すべき目標を持ってチャレンジすることで成長する
3. 多様な人とつながりをもちながら、人に感謝することとされることの喜び
4. ポジティブな思考は、現状を肯定するためではなく、向上するために使う

結局、自分の考えを明確にもち、自分が幸せだと思う形で幸せになることに意味があると思い

ます。

転職のタイミングの見極め方

人それぞれ、働き方に対する思いも事情も異なるため、万人に当てはまる働き方の選択肢はありません。自分の仕事に対する考え方、キャリアに関する十分な知識と判断材料をもったうえで、その時々の決断に自信をもって、納得が出来る選択をしていくのがよいと思っています。

人間は、一般的に年齢が高くなるほどチャレンジする意欲は薄くなり、保守化する傾向にあります。そのため、40歳、50歳、60歳に上がるほど現状維持を選ぶようになってしまい、今の会社やその関連会社で働くことを希望するようになります。その結果、年齢が高くなるほど、取りうる選択肢も自然と少なくなってくるのです。

しかし、働き方を見直す時期は、早ければよいかというとそうでもありません。若いうちからキャリアに対する意識付けは必要ですが、考えるタイミングは自分で感じ取らなければいけないと思っています。

それが、私の場合は働いて10年目であって、自分のライフスタイル、職種、今後のキャリア設計を考えれば、一番良いタイミングであったと思っています。もしその時に決断と行動を先延ばしにしていれば、起業のチャンスは逃げていたと思います。改めて人生はタイミングが大事だと実感します。

タイミングというのは、他人との比較ではなく、65歳まで今の会社で働こうと考えている人にとっては、真剣に考える時期が55歳になるかも知れませんし、必要な時期だと自分で感じ取れたのならば、その直感が一番良いタイミングかも知れません。

とは言え、現実的な話をすれば、転職を考えている場合は、特別な人を除いて年齢が若いほうが苦労はしません。

例えば、ハローワークの求人票には年齢不問となっていますが、これを真に受けてはいけません。まずは教えてもらう側になるため、比較的に頭も動きも柔らかい若手から採用になるのです。これは、雇用対策法という法律によって、例外以外は年齢不問と書かなければいけないため記載されていますが、使用者側には基本的に採用の自由があるのです。

転職を考える年齢が高くなるほど、退職して失業手当をもらいながらゆっくり考えようという態度ではリスクがあるのです。今まで経験してきた知識や経験が、他の会社では貴重なノウハウに変わることがあるので、それらを武器にして業務を広げられるチャンスととらえて、積極的な心構えが大切です。

一方で、今まで外資系などの数社でトップマネジメント経験を積んできたような特別な求人マーケットの人たちは、教える側として55歳を過ぎても数回転職してさらにステップアップしているという現実もあるのです。

常識にとらわれない働き方

もう少し自由に生きたいと感じている方に、私自身の体験から、自由について考えてみたいと思います。

幼い頃から誰かが用意してくれたレールの上に乗って、誰かに認められるように課題をこなすことで日々忙しい毎日を送り、そのまま気付いたら大人になっていて、今を生きている人もいるのではないでしょうか。

それは、自分の人生のレールは自分で創っていくという生き方ではなく、常識とされる社会一般の人生を生きていくことが正しいと育ってきたからだと思います。

長所を伸ばす教育よりも、短所をなくして平均的に優秀な人材を創り上げる教育を受けてきていることもそのひとつです。そのため、多くの人は自分の夢や希望を前面に出さずに、認められようとする承認欲求から、平均的に優秀な人を目指して生きてきたのかも知れません。

私も30歳代前半までは、その平均的に優秀な人を目指して生きてきたひとりです。

そして、仕事は楽しくないわけではないがそれほど楽しいものでもない、自分の人生はこういうもの、好きなことを仕事に出来るほど人生は甘くないと思っていました。それは、社会一般の常識なのかもしれません。

常識というのは、社会一般に共通する暗黙の価値観のようなものです。そのため、常識に従って行動してきた結果、自分では深く考えずに他人の人生を生きてきた人もいると思います。

また、人にはそれぞれの価値観があり、その数だけの生き方があります。常に挑戦し続けることに人生の楽しさを感じる人、社会一般の生活に幸せを感じる人、陰で支えることに幸せを感じる人など、多様な価値観があって当然です。そのため、常識通りに行動することが、常に幸せでない人生とは限りません。

しかし、日本は、GDP総額が世界第3位（2017年IMF統計）、健康寿命が世界第1位（2018年WHO統計）であるのに対して、文化の違いが影響はしますが、幸福度ランキングでは世界第54位（2018年国連世界幸福度報告書）なのです。

これを見ると、日本人の多くが常識通りに行動してきた結果、幸せではない人生になっているとも言えるのです。

私が大学、就職を通して真面目にここまで生きてきた人生は、無知な自分には必要なレールだったと思っています。社会一般の感覚を持ってきたから、今の自分があるとも思っています。

そして自分の成長をあまり感じなくなってきた頃、これからはもっと自分らしい人生を生きる選択もあるのではと思いました。この本を手に取ってくださった皆さんも、もしかすると同じ思いをもっているのではないでしょうか。

時間は限られた資源なので、何をするかだけではなく、何をやらないかも決めるべきだと思います。取り除くということは大事なことで、まだ時間があるので何でも出来るという感覚を持つかもしれませんが、人間はそう何でも出来ません。トレードオフのようなかたちで二者択一を選択すべきときもあります。

このように、年齢を重ねるにつれて見えてくるものもあります。私はたとえ挫折を味わったとしても、本当にやりたいことしながら人生を過ごしていきたいと思いました。

そして、そこには自分らしさを大切にし、自分で選択して行動出来る自由があります。これは、私たちが本来持っている自由だと思います。私と同様、本当はもう少し自由になりたいと思っている人はいると思いますが、それは、人は自由に生きることが出来るという結果を信じて挑戦した人が、出来るものだと思います。

自由とは自分で決められる権利と、それに伴う責任を同時にもつことでもあります。自由になることで、改めて行動することの大切さを実感しました。自分で行動し続けたのは、そうしなければ成長出来ないという危機感があったからかもしれません。

そして今は、自らで切り開いていくことにやりがいを感じています。

人それぞれに価値観はありますが、現実から目をそらさずに進み、壁にぶつかりながら生きてこそ、今以上に世界が広がり幸せな人生を経験出来るものです。

起業という選択肢を選んで

私は起業を選択して、自分の働き方に主導権を持ち、会社任せではなく自分のキャリアは自分で設計し、常に問題を乗り越えながら生きがいややりがいを感じることが出来ています。たとえ起業という選択肢を選ばなくても、変化していく時代を生きていく上では、本来自分のキャリアは自分で設計するような自律した働き方や生き方は大切です。

起業を選択したことで、現実的に時間の自由度も高く、場所を限定されない働き方（テレワーク）が可能であり、貴重な家族のイベントも自分でスケジュールを組みながら優先管理をすることが出来ています。独立するということは、ひとりで生きていくということではなく、様々な人と共創した働き方が出来ます。自由と自己責任はセットで考えて、自分で責任をもちさえすれば、全て自分で柔軟に判断が出来ます。自己責任から逃げてしまうと、働き方の柔軟な選択は出来ません。責任に関しては、通勤途中の事故を含めて労災保険の適用がなく、雇用保険の失業手当の給付もなく、健康保険による傷病手当金の支給もありません。人を雇えばさらに責任も増えます。そして、当然のことながらサービスや商品が売れなければ、経費はかかっても収入はありません。起業は、マイナス部分ではなく、自由という最大のプラス部分に目を向けた積極的な選択です。

働く側の価値観が多様化している背景を受け、国も多様な働き方の実現に向けた取り組みを始めのです。働き方の選択肢は幅広く、私たちは、限りある人生のなかで、どう働いてどう生きるのかを問いかけられています。

まずは、今を大切に生きるための働き方を自分で選択すること。私はそう思うのです。

おわりに

　仕事と人生の喜びや悩み、あるいは常識は、これまでも偉大な人々によって熟考を重ねられ、数多くの書籍においても明快に書き表されています。そして、その答えの多くは本質的にシンプルです。

　私たちが生まれてきたのは幸せになるためだと思っています。何が幸せかは、一人ひとりが決めることですが、多くの人が同意する幸せの定義というものは存在すると思います。

　私は、幸せになるためには、今までにも増して問題意識をもちながら、自分で選んだ道を信じて、時には迷いながらも前向きに進んでいき、それぞれの心に残る人生のストーリーをつくっていくことだと思っています。今の自分には、まだまだ夢も手に入れたいものもありますが、人生の後半に近づいてくるほど、人に何かを与えたいという意識が生じてくるようにもなりました。

　現在の自己像と理想の自己像の間のギャップを埋めるには、一歩踏み出すほんの少しの勇気からです。私自身がそうですが、誰もが簡単に理想の自分になれるものではありません。そうであっても、そこで努力し始めるのと、現状に甘んじるのとでは、数年後、数十年後には、信じられないくらいの差が生まれると思っています。

新たなことに挑戦して数回失敗することは、非常に有益です。失敗を経験した人間は、自分独自の検証結果が手に入り、なぜ失敗したのかを学ぶことが出来ます。だから、失敗も含めてチャレンジすることに前向きな人は、どんどん自分を大きくしていきます。

失敗した自分から目をそらして進むべき方向感覚を失い、前進しようとする意欲や欲求をなくしてしまってはいけないということです。

仕事も人生も、やりたくないことを繰り返しやらなければならなかったり、誰かに一方的に強制されたりすることは、本来好ましくないはずです。自分の得意なこと、好きなこと、やりたいことを仕事に出来れば、そのほうがずっと楽しく、それぞれの個性が開花し、多様性も広がります。仕事こそ自分を磨き上げてくれるものです。

これからの時代、ＡＩやＲＰＡが人間の苦手な部分を代行してくれるからこそ、少し立ち止まって、これからの働き方を見直してみるのもよいと思います。不確実な未来には可能性が無限大にあるはずです。

数々の問題をかかえる日本社会ですが、将来を担うべき若い人たちが私たちの後に続きたいと思えるような、新しい柔軟な働き方を広げていければ素敵だと思います。

働き方改革は、経営者と労働者の両者のために推進されるものです。自分事として働き方を見直し、主体的な働き方が出来れば、活躍の場は徐々に広がるのです。

社会にはあなたが活躍出来る場がたくさんあります。

私のこれまでの働き方・生き方から共感していただける部分があれば、ぜひ実践していただければ幸いです。

皆さまが、自分らしく素晴らしい人生を歩まれることを心から願っています。

最後に、本書を執筆するにあたり、鋭い意見を優しく提案してくださった株式会社みらいパブリッシング編集者の小根山友紀子様、著者の気持ちを尊重してくださる代表取締役の松崎義行様、同世代で心強い取締役副社長の田中英子様、株式会社Jディスカヴァー代表取締役の城村典子様、そして本書の制作にかかわってくださったすべての皆さまに感謝いたします。

高原 知子（たかはら ともこ）

兵庫県明石市出身。大学卒業後、積水ハウス株式会社に入社。チームの一員として会社の表彰台に登壇、アドバイザリー契約数1位などを経験。10年目を節目に退職し、創業。

ダブルライセンスに加えてマネジメント力を磨き上げ、500件以上の創業者支援、企業経営の人事・労務に携わり、相続、スモールM&Aにも注力する。

現在、大阪産業創造館の専門家として、多くの創業者を成功に導く支援を続けている。

その他、神戸学院大学非常勤講師、兵庫県6次産業化プランナー、明石市住民投票条例検討委員会の委員就任などの実績をもつ。

与えられた自分の人生を、どのようなストーリーに仕上げていくかという生き方、自分で創り上げていく働き方の普及や講義にも携わっている。

高原社会保険労務士・行政書士事務所 代表

https://takahara-office.com/

あと30年《ねん》を輝《かがや》かせる仕事《しごと》と個人《こじん》の改革《かいかく》

本位力《ほんいりょく》の働《はたら》き方《かた》

2019年8月26日初版第1刷

著　者　高原知子《たかはらともこ》
発行人　松崎義行
発　行　みらいパブリッシング
〒166-0003 東京都杉並区高円寺南4-26-12 福丸ビル6階
TEL 03-5913-8611　FAX 03-5913-8011
企画協力　Jディスカヴァー
編集　小根山友紀子
ブックデザイン　則武 弥（ペーパーバック）
発　売　星雲社
〒112-0005 東京都文京区水道1-3-30
TEL 03-3868-3275　FAX 03-3868-6588
印刷・製本　株式会社上野印刷所
　ISBN978-4-434-26018-6 C0034